엄마도 함께 자라는 미술 인문학

# 지우개 선생님의
# 이상한
# 미술 수업

엄마도 함께 자라는 미술 인문학

# 지우개 선생님의
# 이상한
# 미술 수업

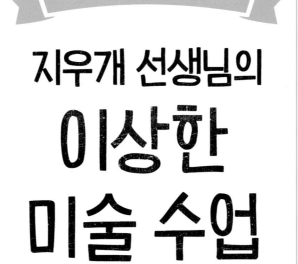

글·그림 **김지연**

웃는돌고래

# 지우개 선생님,
# 미술을 부탁해!

한 달에 두 번 일요일 아침마다, 우리 집 마루(음, 마루는 아이 열 명이 마주 앉으면 나는 앉을 데가 없다)는 어린 손님들로 복작복작하다. 우리 집은 서울 북쪽에 있는 작은 아파트인데 서울 동서남북에서는 물론이고, 경기도 일산, 여주, 과천에서도 모여든다. 그것도 아침 아홉 시 반에!

이른 시간에 우리 집을 찾은 손님들은 어릴 때 나와 미술 수업을 같이했던 친구들이다. 집이 멀리 이사를 가서 수업을 그만두었다가 혼자 다닐 수 있는 고학년이 되자 각자 알아서 찾아온다.

우리는 둘러앉아 계절에 맞는 간식과 차를 마시며 음악을 듣는다. 처음엔 차를 마시라고 하니 온갖 인상을 쓰더니 이젠 알아서 차를 내리고, 친구에게 따라 주기까지 한다.

먼저, 온전히 음악만 듣는 시간을 보낸다. 그냥 흘려듣는 배경음악이 아니라 음악에 집중하는 시간이다. 손가락에 장애가 있는 장고 라인하르트의 신들린 기타 연주도 듣고, 마리아 칼라스의 목소리로 온 집을 채우기도 하고, 경기 민요도 한바탕 듣는다.

그러고는 차를 마시며 그간 어떻게 지냈는지 이야기를 나눈다. 학교에서 소풍 다녀온 일, 시험 본 일, 엄마랑 싸운 일, 친구랑 게임한 일……. 열심히 침을 튀기며 이야기하는 아이도 있고, 친구들 이야기를 가만히 들으며 웃기만 하는 아이도 있다.

그다음에는 그동안 읽은 책 이야기를 나눈다. 그날의 사회자는 그때그때 다르다. 자유롭게 이야기를 나누는 날도 있지만, 주제가 아이들 관심거리나 편이라도 나눠 이야기를 나누는 날이면 엄청 집중해서 토론을 한다.

## 공부는 왜 할까?

약자를 돕는다는 것은 무엇일까?

학생들의 인권은 어떻게 보장받을 수 있을까?

자율이란 무엇인가?

과학의 진보는 정말 좋은 것일까?

세계화란 무엇일까?

예술가들은 무엇을 말하려고 하는 것일까?

세상을 바꾸는 신기한 약이 있다면 그것은 무엇일까?

학교를 다니지 않는다면 어떨까?

이런 이야기를 나눌 때는 어찌나 진지한지 장난치며 수다 떨던 녀석들이 다 어디로 갔나 싶다.

그런 뒤에는 글을 쓴다. 그림을 그리기도 한다.

가끔은 동네 미술관에 가서 그림을 보기도 하고, 축구를 할 때도 있다.

방학 때면 좀 더 특별한 시간을 보낸다. 가방 한가득 책을 담아 와 강냉이 먹어 가며 밤새워 책을 읽기도 한다. 이름하여 무박 2일 독서 캠프.

산에 해가 되지 않도록, 꼭 필요한 아주 간단한 짐만 챙겨 지리산에 스케치 여행을 다녀오기도 한다. 슬리퍼 신고 지리산에 다녀왔다고 하면, 다들 입을 쩍 벌린다. 아, 물론 종주를 한 건 아니다.

우리는 시장에서도, 역에서도, 길에서도 그림을 그린다.

말과 글과 그림으로 자신을 표현하는 이 소중한 시간을, 내 어린 친구들 모두가 손꼽아 기다린다.

비가 억수로 내리는 날도, 땀 뻘뻘 나는 더운 날도, 멀리 있어도 함께 모여 우리끼리 신나게 놀고 깨우친 것을 책으로 묶으려고 한다. 아이들 스스로 만들어 가는 지혜로운 시간을 한번 경험해 보시면 좋겠다. 미술 수업이라 가능한 일이다. 어른도 아이도 모두 자유롭게 생각과 느낌을 표현하는 시간!

아이들이 처음 그림을 그리던 멋진 순간을 기억하시는지. 크레파스를 꽉 움켜진 아이의 작은 손에서 다양한 선과 알록달록한 색들이 마법처럼 흘러나왔다. 아이들에게도 나에게도 잊을 수 없는 감동의 순간이었다. 아이가 그리고 만들어 낸 선과 색은 호기심으로 가득하다.

"이런 색이 나오네."

"이 느낌은 뭐지?"

"내가 팔을 돌리니 이렇게 그린 것이 나와."

아이들은 열심히 몸을 움직인다. 어른들이 흔히 '낙서'라고 부르는 그림은 바로 그 움직임의 결과다. 우리가 알아보지 못해서 그렇지, 그 그림에는 아이의 마음과 동작의 흔적이 남아 있다. 아이들은 그렇게 수많은 선을 그려 댄다. 수십 권의 스케치북을 쓰고, 크레파스 몇 통을 분지르고서야 그 선들이 공룡이 되기도 하고, 폭풍 속의 빗줄기도 되고, 출렁이는 은빛 바다 위 통통배가 되기도 한다.

생각도 낙서와 같다. 알아볼 수 없을 만큼 여러 번 마음을 끼적이고 연습해야 한다. 엄청난 종이와 크레파스를 써서 그림을 그리듯, 호기심 어린 질문을 자신에게 해야 한다. 아이들은 말도 안 되는 생각을 하고, 어처구니없는 질문을 한다. 아주 잘 자라고 있다는 증거다. 아이들은 놀기도 많이 놀아야 하고, 책도 많이 읽어야 하고, 질문도 많이 만들어야 한다. 친구나 부모님, 선생님과 생각한 것들을 이야기 나누며, 그 마음이 단단하고 건강해지도록 요리조리 커 가는 연습을 해야 한다.

우리가 미술 시간에 해야 할 일이 바로 이것이다. 자신의 마음과 생각을 다양한 방식으로 표현하고, 그것을 바탕으로 타인과 소통하는 기쁨을 맛보는 것이 미술이다. 또 미술은 잘 표현이 되지 않더라도 생각의 씨앗을 만들어 가는 아주 중요한 일이다.

그림을 잘 그리는 것보다 아이들 마음이 건강하게 잘 자라는 것이 먼저다. 마음에 품은 씨앗이 잘 자랄 수 있게, 아이들이 속한 사회나 문화 속에서 실천하는 삶을 가꾸는 지혜를 익히는 것이 진짜 살아 있는 공부이다. 그리고 그것을 표현하고 완성해 나가는 것이 진정한 예술 활동이다. 그래서 더 의미가 있고 아름답다.

또 자연의 품을 벗어나선 생명을 이어 나갈 수도 없다. 삼시 세끼 꼬박 나를 채우는 먹거리를 자연을 통해 얻어야 하니 혼자 살기란 불가능하다. 다 고맙다. 어린 사람, 큰 사람, 풀과 나무, 벌레와 새 들도 다 고맙다.

착한 마음은 여리고 약해 보이지만 그런 마음이 한데 모이면 두텁고 단단해진다. 특히나 불의 앞에서는 더욱 단단해진다. 작은 풀, 친구, 가족, 자연, 세상을 만나며 나 자신부터 마음이 착해지는 미술, 그게 내가 아이들과 하고 있는 미술 공부다.

## 내가 만나는 대안 학교 아이들은 나를 "지우개!"라고 부른다.

지웠다 다시 쓸 수 있고, 지웠다 다시 그릴 수 있는 지우개는 멋진 미술 도구다. 그래서 꽤 마음에 드는 별명이다. 이미 어른이 된 우리들은 지우개로 쓱쓱 쉽게 지우고 다시 그리기 힘든 존재들이다. 그러나 아이들은 다르다. 아이들 마음에는 쓱쓱 지우개질도 잘되고, 멋진 선과 그림이 잘도 그려진다. 그래서 때론 지우개도 필요 없다. 아이들 곁에서 마음은 용감하고 생각은 씩씩한 어린이가 되도록 돕는 지우개가 되어야지 하는 게 어디까지나 지우개의 마음이다.

큰 기대를 하고 이 책을 펼쳐 보는 분이 계신다면 처음엔 좀 당황스럽기도 하실 것이다. '미술 지도서'인데 그림 그리는 법은 가르쳐 주지 않는 책이다. 사람도, 나무도, 어떻게 하면 잘 그릴 수 있는지 이 책 어디에도 없다. 이 책에서는 그저 미술을 나와 더불어 살 세상에 대해 생각하는 도구로 사용하려 한다. 그리고 미술 활동을 하는 동안 마음과 생각을 표현하고 키우는 과정을 중요하게 생각하는 책이다.

그동안 어린이, 청소년 들과 함께 프로젝트형 미술 수업을 진행할 때마다 어머니들과 잠시라도 짬을 내어 이런 이야기들을 나누어 왔다. 왜 이런 수업을 하는지, 아이들에게 어떤 것을 주고 싶은 것인지, 일상에서는 이 수업과 어떻게 연계가 되도록 도와주시면 좋겠는지 ……. 이 책도 그런 작업의 연장이다. 아이들과 함께 엄마들도, 어른들도 같이 성장해 주시면 좋겠다.

1부에선 자아의 탐색을 통해 자존감을 높이는 이야기, 나와 다른 색깔의 친구들을 알아가는 이야기를 담았다. 2부에서는 가족과 선생님을 더 깊이 이해하는 이야기를, 3부에서는 타인을 이해하고 공동체의 삶을 고민해 보는 이야기를 담았다. 4부에서는 거대한 자연과 생명의 소중함에 대한 이야기를 미술로 함께해 보았고, 5부에서는 미술인 듯 아닌 듯 재미난 활동들을 담았다. 아이들이 살고 있는 지금의 세계에 대해 탐구하는 시간이다.

아이들의 생각을 이끌 안내자 역할을 해야 할 부모님이나 선생님 들이 어떤 마음으로 수업을 진행해 주시면 좋을지를 담고, 실제 시간은 어떻게 작업하는지를 구체적으로 써 내려갔다(그러나 실제 수업은 늘 예측할 수가 없다. 아이마다 경우가 다르니 우리 어른들은 질문이나 생각거리를 내어 주는 역할을 할 수밖에. 그러나 이것만 기억하시라! 좋은 질문엔 이미 선물 같은 답이 한 보따리 들어 있을 수도 있다는 걸). 결과물을 두고 어떤 이야기를 나누면 좋을지도 적었다. 부족한 이 수업에서 힌트를 얻어 아이들에게 더 멋진 안내자가 되어 주시라.

마감만 다가오면 나보다 "어서 어서 어서!" 작업이 끝나길 바라는 가족들에게, 점점 작아지는 지우개와 즐거운 시간을 함께해 준 어린 친구들에게 무한한 감사를 보내며…….

2016년 7월
지우개 김지연

# 1부

## 나는 내가 참 좋아요

◆ 나는 어떻게 생겼을까?

◆ 내 친구를 인터뷰해요

◆ 내 친구는 꽃이에요

◆ 아이를 자라게 하는 질문의 책,
  그리고 그림일기

◆ 보이는 몸, 보이지 않는 몸

◆ 가치 지도를 그려요

◆ 나는 무엇일까?

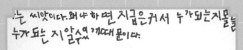

# 나는
# 어떻게 생겼을까?

아이들과 만나는 첫 시간. 가장 먼저 하는 일은 아이를 거울 앞에 세우는 것이다. 그러고는 자기 얼굴을 가만히 들여다보라고 한다. 아주 오랫동안, 자세히 보라고 하면 아이들은 볼멘소리를 한다.

"그냥 보이는 대로 보는 거지, 자세히 보는 건 또 뭐예요? 어떻게 해야 자세히 보는 건데요?"

아이들은 자세히 보는 게 어떻게 하는 건지 어렵단다. 우리말인데, 그게 무슨 뜻인지 모른다 하니 열심히 설명을 해 본다.

"사람마다 눈, 코, 입이 있지? 얼핏 보면 다 비슷해 보이지만 자세히 뜯어보면 다 다르게 생겼어. 나만의 코, 나만의 눈, 나만의 입이 내 얼굴을 만들지. 나는 거울을 볼 때마다 이렇게 생각하곤 해. '음, 난 참 눈이 작아. 그러니 내 눈은 보고 싶은 것만 보려고 하지!' 생긴 모양만이 아니라 그 모양이 모여서 어떤 인상을 만드는지 잘 들여다봐!"

한 번도 해 본 적이 없어서 그렇지, 막상 해 보면 또 엄청 좋아하는 활동이 얼굴 들여다보기다. 자기 얼굴을 자세히 들여다보는 일은 자신이 속해 있는 시간과 공간, 보기 싫은 것, 미운 것까지 눈에 다 담는 활동이다. 그냥 눈, 코, 입이 아니라 내 안을 비추는 나만의 눈, 코, 입을 들여다보는 것이다. 자신의 눈을 자세히 보고 난 뒤 '내 눈은 작아. 그렇지만 보고 싶은 건 잘 찾아보는 지혜로운 눈이야.' 하고 생각한다면 분명 자신만의 개성이 담긴 눈을 그릴 수 있을 것이다. 내 눈, 코, 입뿐만 아니라 타인이나 다른 것을 보는 것도 마찬가지다.

눈이 크다, 코가 작다, 입이 예쁘다 하는 기준은 시대에 따라, 사회에 따라 달라진다. 지금 우리는 어떨까? 각자의 개성을 존중하기보단 일반화되고 보편화된 기준에 스스로를 끼워 맞추려고 하는 건 아닌지 걱정스럽다. 눈이 작은 것을 예쁘다, 안 예쁘다 말하는 것은 사람의 본질을 존중하지 못하는 태도다.

렘브란트와 고흐가 왜 그렇게 많은 자화상을 남겼겠는가? 모델이 없어서? 화가들은 진짜 자신, 자신의 삶을 똑바로 바라보느라 그렇게 많은 자화상을 남긴 것이다. 자신의 육체와 삶이 쇠락해 가는 것을 바라본 렘브란트, 자신의 그림이 철저히 외면당하는 현실을 인정해야 했던 고흐. 화가들은 그림 속에서 자신을 만나 고뇌하고 위로하며 성숙해져 갔다. 두려움을 만나는 용기를 지녔던 예술가들이었다. 그래서 새로움을 만들어 낼 수 있었다. 자기 얼굴을 자세히 들여다보는 아이들에게 이런 이야기하고 질문도 건넨다. 그러면 아이들은 내 얘기를 받아 이런저런 생각과 경험을 종알종알 이야기한다. 이런 이야기를 나누는 시간은 정말이지 즐겁다.

## 아이들과 함께 거울을 가만히 들여다보자. 나는 어떻게 생겼지?

좁은 이마, 눈꼬리가 축 처진 가느다란 눈, 길이가 약간 짧은 코, 작은 입……. 거울 속 나는 진짜일까? 나를 자세히 볼 수 있는 방법은 무엇일까?

거울에 비춰진 얼굴은 반사된 이미지이고, 사진으로 찍은 내 얼굴은 수많은 픽셀의 조합이라 나는 영원히 내 얼굴을 제대로 볼 수가 없다. 그래서 타인이 보고 이야기해 주거나 그려 준 내가 진짜 나라고 생각한다. 그런데 내가 그 사람을 신뢰하지 않는다면 나에 대해 해주는 이야기를 얼마나 받아들일 수 있을까. 타인의 시선이 나를 존재하게 하는 것 같다.

그렇다면 타인의 시선 이전의 나를 찾아가 보면 어떨까? 아이들은 물론이고 어른도 생각해 볼 일이다. 아이들과 수업을 하고 나면 어른들이 더 많이 배웠다는 느낌이 들 것이다.

**준비물** 거울, 가족사진, 도화지, 물감.

＊ 도화지에 얼굴을 크게 그리고 화면을 나눠 눈, 코, 입, 귀를 그린다. 눈이 엄마를 닮았다면 가족사진에서 엄마 눈을 보고 그리고, 코가 아빠를 닮았다면 아빠 코를 보고 그리는 식이다.

＊ 마음대로 재미나게 색을 칠한다. 그렇게 다 합쳐진 얼굴은 얼핏 이상하지만 신비하고 매력적이다!

＊ 그림을 다 그리고 나면 '나는 어디에서 왔을까'를 주제로 간단한 글을 써 본다. 그림 그릴 때 느낀 점을 적으며 생각을 정리하는 시간이다.

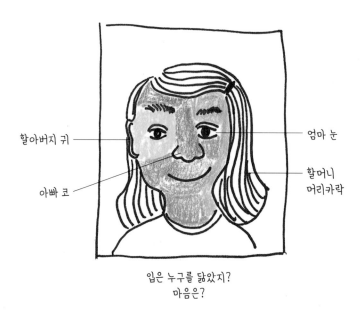

할아버지 귀
아빠 코
엄마 눈
할머니 머리카락

입은 누구를 닮았지?
마음은?

같이
얘기해 보아요

"제 눈을 가만 보니 엄마랑 닮았어요. 엄마도 쌍꺼풀이 있고 저도 쌍꺼풀이 있거든요. 코는 잘 모르겠는데 아빠가 아빠 코랑 똑같대요. 그런데 제가 보니까 아빠 코는 할머니 코를 닮은 것 같아요. 그럼 할머니 코는 증조할머니나 증조할아버지 두 분 중 한 분의 코를 닮았겠지요? 또 그분들은 그 부모님 중 한 분에게, 또 그분 중 한 분의 부모님에게로 점점 거슬러 올라가다 보면 원시시대 어떤 사람의 코 중 하나가 제 코일 것 같아요. 아, 대단한 코!"
수연이가 거울 속으로 들어가며 신나 한다.

"아무래도 우리 조상님 중에 신라시대 아라비아 사람들이랑 무역을 하다 외국인이랑 결혼한 분이 있는 것 같아요. 제 머리카락이 곱슬인 데다 코가 큰 걸 보면 말이에요."
자화상 앞에서 이렇게 말하는 동호 덕분에 얼마나 웃었는지 모른다.
"임진왜란에서도 살아남고, 일제강점기 때 독립 만세를 외치면서도 살아남았고, 6·25 전쟁 폭격 중에도 죽지 않고 저한테까지 이어져 내려온 이 생명이 기적 같아요. 정말 소중하게 느껴져요."
하늘을 쳐다보며 "땡큐!" 하고는 어깨를 으쓱하는 모습이라니!

시아는 "벌거벗고 다니던 원시인이 나랑 상관이 있다는 게 너무 놀라워요.", 형준이는 "그 고난 속에서 한 번도 쓰러지지 않고 나한테까지 소중한 생명을 이어 준 분들 생각을 하면, 내가 나를 포기하는 일은 배신 중에 배신일 거예요. 자살 같은 건 절대 하지 말아야 해요!" 하면서 목소리를 높였다.

내가 느닷없이 이 세상에 나온 것이 아니라 꼭 필요해서 이 땅에 온 사람, 우리 가족이어서 감사한 사람, 누군가의 삶에 도움이 되는 사람, 다시 생명을 가꾸고 전하는 일을 할 사람으로 아이들 각자를 소중한 존재로 이해시켜 주는 데 맞춤한 수업이다.

# 내 친구를
# 인터뷰해요

아이들에게는 자기 자신만큼 중요한 사람이 친구다. 이번엔 내 친구를 좀 자세히 들여다보는 시간을 갖자.

"자, 이제부터 친구를 인터뷰해 보자."

하면 아이들은 자기가 궁금한 것, 묻고 싶은 것만 묻는다. 블록 쌓는 걸 좋아하는 아이는 친구에게도 블록이 있는지, 어떤 블록을 좋아하는지부터 묻는다. 축구를 좋아하는 아이는 어느 팀을 좋아하는지, 어떤 선수를 좋아하는지를 묻는다. 그러다 차츰 질문이 늘어갈수록 친구가 좋아하는 것, 친구가 싫어하는 것으로도 관심을 넓힌다. 그렇게 친구의 새로운 면을 만나게 되는 활동이 바로 친구 인터뷰다.

연성이는 친구를 무척 좋아한다. 어느 날 연성이가 야구 중계를 열심히 보기에 물었다.

"너 원래 야구 안 좋아하잖아?"

"그렇긴 한데요. 친구들이 좋아하니까 재밌나 한번 보는 거예요. 보고 재미있으면 좋아해 보려고요."

이게 아이들 마음이다. 사람마다 좋아하는 것이 다른 것은 당연한 일이다. 아무리 친한 사이라도 그럴 수밖에 없다. 그러나 아이들은 마음 예쁜 연성이처럼 친구가 좋아하는 것을 이해해 보려고 한다. 그게 바로 친구를 알아 가는 첫 번째 과정이다. 친구를 앞에 두고 시시콜콜해 보이지만 궁금했던 것을 다 물어보자.

"너희 집에서 우리 집까지 오는 데 얼마나 걸려?"

"걸어서 25분쯤 걸려."

"와! 그렇게 오래 걸리는 줄 몰랐어. 네가 맨날 만나러 와 줬으니까 나는 그렇게 거리가 먼지 몰랐지. 나랑 놀려고 그 먼 데서 오다니! 헤헤, 이젠 내가 자주 놀러 갈게."

승현이와 호준이의 이야기가 오가는 걸 들으면 저절로 웃음이 난다.

"넌 혼자 있을 때 주로 뭐 해?"

"응, 대개는 책 봐."

"그래? 네가 책을 좋아하는 줄은 몰랐어. 축구를 잘해서 운동을 좋아하는 줄 알았지. 나도 추리 소설 좋아하는데! 너 '브라운 신부' 시리즈 읽어 봤어?"

그동안 표현이 서툴러 자신이나 친구를 새롭게 알아 가는 시간이 어색했는데, 막상 인터뷰를 시작하니 무척 진지한 자세로 하나라도 놓칠까 친구 이야기를 귀 기울여 듣는다. 이 멋진 아이들이 내 친구여서 정말 뿌듯하다.

여덟 살 효은이는 친구 유진이를 인터뷰하고 이렇게 말했다.

"내 여덟 살까지 인생 중에서 가장 잊을 수 없었던 순간은 유진이를 만난 바로 그때예요!"

효은이가 유진이를 처음 만난 건 일곱 살 때였다. 아빠가 헐레벌떡 뛰어오며 옆집에 새

유진이는 내 옆집 친구다.
유진이는 호기심이 많다.
유진이는 귀엽다.
유진이는 여드름이 양쪽으로
났다. 유진이는 내가 어린이집에서부터
학교까지 내 단짝 친구지만 단짝이
또 생길지도 모른다.
유진이는 꿈이 디자이너
가수랬다.

내 친구 효은이는 목소리가 예쁘다. 효은이는
요리사 아니면 미용사가 꿈이다. 효은이는
유진이와 많이 친하다. 효은이는 우리의 친구다.

로 이사를 왔는데 같은 나이 여자아이가 있다고 알려 주었다. 효은이는 삐삐 머리를 하고 러닝셔츠 바람으로 놀러 온 유진이를 보는 순간 둘이 단짝이 될 것을 한눈에 알았다고 했다. 눈이 왕방울만 한 수다쟁이 효은이, 배냇머리가 아직도 송송 이마를 채우고 있는 말수 적은 유진이.

"할머니 댁에 가는 날이나 명절을 빼곤 매일매일 유진이랑 놀았어요. 어떤 날은 우리 집에서 놀고, 또 어떤 날은 유진이네서 놀고요. 아파트 복도에 돗자리를 깔고 논 적도 있어요. 놀이터에서, 유치원에서도 늘 함께예요. 아프면 병문안도 가고요. 가족 여행 때도 두집이 함께 갔어요. 친구들이 '너희들은 옆집 아저씨, 옆집 아줌마랑 같이 사는 거야?' 그럴 정도지요."

얼마나 재미있을까? 둘이 뭐 하고 놀까, 매일매일 신나는 하루가 기다리고 있겠지. 어른이나 아이에게나 참 좋은 이름, 친구.


수메르 신화에 나오는 길가메시와 엔키두도 서로를 첫눈에 알아보았다. 처음 만났을 때는 하늘과 땅이 흔들릴 정도로 서로를 내동댕이치며 싸웠다. 그러고는 서로에게 맞는 친구를 찾은 것을 함께 기뻐했다. 어떠한 고난이 닥쳐도 둘이 함께 죽을 각오로 붙어 있기로 약속도 했다. 둘은 멋진 모험도 떠나고 어려움도 이겨 나가며 우정으로 충만해 두려울 것이 없었다.

그러던 어느 날, 길가메시에게 반한 이슈타르 여신이 청혼을 하는데 길가메시가 여신의 청혼을 거절한다. 그러자 여신은 길가메시에게서 가장 소중한 것을 빼앗기로 한다. 결국 신들의 저주로 엔키두가 죽음을 맞고, 길가메시는 미쳐 날뛰며 7일 밤낮을 친구의 시신과 함께한다.

엔키두의 죽음으로 인간의 삶에 회의를 느낀 길가메시는 영원불멸의 삶을 사는 비밀을 알고자 길을 떠난다. 그리고 죽지 않는 인간 우트나피시팀을 만나 영원히 살 수 있는 기회를 얻지만 결국 실패하고 만다. 다시 기회를 달라고 사정하는 길가메시에게 우트나피시팀은 말한다. 인간은 다 죽게 마련이니 그저 매일 행복하게, 맛있는 것 먹고, 친구들과 즐겁게 지내고, 사랑하며 살라고.

길가메시는 여행에서 돌아와 아들 '엔키두'를 얻고, 아들을 통해 새로운 생명을 이어 나가게 된다. 길가메시의 마지막 모습을 기록한 열두 번째 점토판에는 "그는 암흑 속을 지나왔으니 빛을 볼 수 있었다."라는 글귀가 새겨져 있다. 죽음이 있어야 인간의 삶이 완성된다는 깨우침을 주는 것 같다.

길가메시 서사시는 삶과 죽음의 의미를 담은 인류 최초의 신화로서, 어떻게 살아야 할지를 곱씹게 하는 이야기다. 그리고 나에게는 '엔키두 같은 친구가 내게 있을까?' 하는 질문을 먼저 떠올리게 하는 이야기다.

같이 있는 상상만 해도 기쁨으로 가슴이 부풀게 하는 친구, 두려움도 힘든 것도 다 사라지게 하는 그런 친구가 내게 있던가? 엔키두의 죽음조차 길가메시에게 성찰의 기회가 됐듯이, 나 역시 내 친구에게 어떤 울림이 될 수 있을까?

나는 내 친구를 얼마나 잘 아는지, 또 내 친구들은 나를 어찌 생각하는지 자꾸 들여다보고 싶어진다.

## 이렇게 진행해 보세요

**준비물** 인터뷰한 내용, 16절 종이 여러 장, 색연필, 사인펜, 연필, 지우개.

\* 친구를 인터뷰한다. 인터뷰도 친구를 알아 가는 과정의 일부이니 격식과 예의를 갖춰야 한다.

\* 친구에게 할 질문은 자유롭게 정한다.

1. 이름의 뜻은 무엇입니까?

2. 가장 좋아하는 사람, 물건, 색깔, 음식은 무엇이고, 각각 좋아하는 이유를 알려 주세요.

3. 가장 싫어하는 것은 무엇입니까?

4. 잘하거나 자랑스러운 것은 무엇입니까?

5. 요즘은 무엇에 관심이 있나요?

6. 좋은 친구란 어떤 친구라고 생각하나요?

7. 커서 어떤 사람이 되고 싶습니까?

\* 종이를 여러 장 접어 책처럼 꾸민 후, 인터뷰한 내용을 적고 그림도 그린다.

16절지를
반으로 접는다.

풀칠을 한다.

책등 →

표지를
예쁘게 꾸민다.

친구랑 같이 보면
더 재미있다.

같이
얘기해 보아요

지호는 〈○○이란 일기〉를 몇 년째 매주 써 오고 있다. 지호가 쓴 글을 읽고 있다 보면 어쩜 어린아이가 이리 명쾌하게 정리했을까 싶을 때가 한두 번이 아니다. 지호가 쓴 '좋은 친구란' 일기를 슬쩍 베껴와 봤다.

좋은 친구란 의리가 있는 친구이다.
좋은 친구란 함께 있으면 행복하다.
좋은 친구란 형준이, 가은이, 시아, 승운이다.
좋은 친구란 죽마고우다. 뜻: 어릴 때부터 죽마를 타고 논 사이.
좋은 친구란 관포지교 사이다.
좋은 친구란 콩 한쪽도 나눠 먹는 사이다
좋은 친구란 좋은 친구다.

나를 사랑하는 것은 고독하다. 나만 나를 사랑하니까. 친구를 사랑하면 조금씩 많은 사랑을 받을 수 있다. 또 나누는 사랑은 되돌려 받지 못해도 될 만큼 사랑하는 기쁨도 크다.
선택은 언제나 자유다. 지호는 그걸 아는 것 같다.

# 내 친구는
# 꽃이에요

2012년에 작가 몇 분과 함께 연평도에 강연을 갔다. 2002년에 있었던 연평해전 때문에 섬도, 사람도, 바다도 아픈 곳이었다. 섬은 어업으로 생계를 이어야 하는데 연평도는 그게 여의치 않았다. 북과 아주 가까운 곳에 위치해 조업도 편한 편이 아니고, 북과 한 번씩 일이 생길 때마다 그물도 못 걷고 고생이 말이 아닌 곳이다. 텃밭조차 제대로 챙기기 힘들어, 육지에서 깻잎도 사다 먹을 정도란다.

연평도의 초등학교 어린이들과 낮부터 밤까지, 또 다음 날 아침까지 강행군 독서 캠프를 했다. 함께한 아이들 얼굴이 지금도 생생하다. 아이들에게 자기 소원을 글과 그림으로 꾸미고 소원을 이루기 위한 방법을 생각해 보자고 했다.

"전쟁이 나지 않았으면 좋겠어요."

"우리 학교에는 폭탄이 떨어지지 말았으면 좋겠어요."

"통일이 되면 좋겠어요."

"평화롭게 살고 싶어요."

아이들이 적은 소원이 이랬다. 다른 지역에 살고 있는 또래 어린이들은 소원을 적으라고 하면 갖고 싶은 것, 가고 싶은 곳, 되고 싶은 것을 적느라 바쁘다. 그런데 이곳 연평도 아이들의 소원은 이렇다. 전쟁을 이렇게 생생하게 자기 일로 받아들이는 아이들이 같은 나라 안에 이렇게 살고 있다는 것에 적잖이 충격을 받았다. 우리가 이러한데 하물며 내전이 진행되고 있는 세계 곳곳의 어린이의 삶은 어떨 것인가. 그 아이들은 삶의 질을 높이는 일 같은 건 꿈도 못 꿀 일이겠다. 일 학년 남자아이 하나는 소원을 이렇게 적었다.

"엄마 아빠가 돈을 많이 벌면 좋겠어요."

속으로 '또 그놈의 돈이구나' 싶었다. 그래도 티내지 않으려 애쓰면서, 왜냐고 물었다.

"그럼 뭍에 돈 벌러 간 엄마 아빠가 어서 빨리 돌아와 같이 살 테니까요."

할머니랑 이른 저녁밥 먹고, 초겨울인데도 얇은 조끼에 슬리퍼 신고 독서 캠프에 나왔던 그 녀석. 목구멍이 뜨거워져 꺼칠하게 튼 아이의 작은 손을 꼭 잡아 주었다. 그 아이가 나와 함께 그 시답잖고 뻔한 독서 캠프에서 책으로 놀아 준 것이 마냥 고마웠다. 뭍에서 자란 꽃보다 섬에서 강한 바닷바람 맞고 자란 꽃이 향기가 더 진하고 귀한 약재가 된다고 한다. 생명력이란 거저 주어지는 것이 아닌 모양이다. 힘겹고 어려운 상황을 살아 내는 힘이 있어야 단단해진다. 그 아이가 바닷바람에도, 외로움에도 지지 않았을 거라고 확신한다. 그때 그 아이에게서 느꼈던 빛깔은 샛노랑색이었다. 그 밝은 생명의 빛깔이 아직도 생생하다.

사람마다 모양이 다른 것은 물론이고, 색깔 또한 다르다. 각각의 색깔들을 떠올리고, 친구들마다 다른 색으로 칠해 보면 구체적인 이야기를 추상으로 자연스럽게 만들어 볼 수 있다. 아이들이 색과 무늬를 그린 그림만으로도 그 친구가 누구인지 대번에 알아맞히는 걸 볼 때마다 깜짝깜짝 놀라는 즐거움도 크다.

"나는 추상화가가 아니다. 나는 그저 인간의 기본적인 감정을 표현하고 싶을 뿐이다." '위대한 색면화가' 마크 로스코의 말이다. 마크 로스코는 커다란 캔버스에 뚜렷한 색만 표현한 작품으로 유명한 화가다.

예전 어느 미술관에서 로스코의 그림을 보았을 때가 기억난다. 미술관 2층 높이의 벽에 달랑 그림 한 점. 커다란 캔버스에 채워진 로스코의 그림을 마주하고는 꽤 절망했더랬다. 색만으로도 인간의 환희에서 절망까지 이야기할 수 있는 화가가 있는데, 나는 무엇으로, 어떤 방식으로 인간의 근원에 다가갈 그림을 그릴까.

물들지 않은 아이들, 편견에 사로잡히지 않은 아이들의 그림도 로스코의 그림 세계와 비슷한 점이 있다. 불필요한 것을 과감하게 제거하고 정수만 남기는 아이들 그림을 보면 부러울 때도 많다. 늘 그렇지만, 그림을 가르치는 건 내가 아니라 바로 아이들이다!

준비물 4~5절 정도 도화지, 색연필, 사인펜, 물감, 자, 연필, 지우개.

* 친구들을 한 명 한 명 떠올려 보면서 어떤 친구인지 생각해 보고 느낌을 색이나, 무늬 등으로 표현해 보자.

* 큰 종이에 친구들의 특징을 선으로만 그린다.
키가 큰 친구는 아주 크게, 맨날 책만 보는 친구는 손에 책을 들고 앉아 있는 모습으로, 축구 대장은 발에 축구공이 붙어 있게 그려도 좋다.

* 각 친구에게 어울리게끔 색이나 무늬로 채운다.
늘 통통 튀는 친구는 알록달록 색깔을 칠해 보자. '조용한 친구에게는 어떤 색과 무늬가 어울릴까?', '늘 장난치는 친구는 어떻게 표현할까?' 고민하는 일도 즐겁다.

장난꾸러기 주완이

수줍은 나는 뒤쪽에

책을 무지하게 좋아하는 예은이

축구를 좋아하는 형태

같이
얘기해 보아요

사실 반장이나, 아주 성격이 좋은 친구, 인기 있는 친구가 아니라면 같은 반 친구라도 잘 알기는 힘들다. (비밀이지만 선생님들도 그렇다고 하던데!) 친하지 않아 몰라서 그렇지, 알고 보면 다 아주 멋진 친구들이다.

다 그린 다음 누가 누구인지 함께 맞혀 보는 재미도 쏠쏠하다. 내가 가장 먼저 찾아내는 것은 언제나 그림을 그린 아이다. 자기를 정말 꼭 닮은 색과 무늬로 꾸미는 놀라운 아이들!
"어, 어떻게 전 줄 아셨어요? 우리 반 친구들은 저를 안 좋아해요. 그래서 이렇게 뒤에 작게 그렸는데…….." 하는 송이의 미소에 빛이 난다.
"이렇게 멋진데 어찌 못 찾겠니? 물음표를 가득 그려서 넌 줄 금방 알았어. 아마 친구들도 널 금방 찾을 수 있을 거야. 혹시 못 찾는다면 알려 줘. '여기 멋진 물음표로 가득한 애가 나야, 궁금한 게 많거든!' 하고 말이야."

아이들은 사춘기 새침데기 같다가도 말괄량이, 장난꾸러기도 된다. 그림을 그리는 순간에는 속내도 스스럼없이 털어놓는다. 사춘기가 다가오는 아이들에게 네 마음 다 안다고 알려 줄 수 있는 대화 도구로 그림만 한 것도 없다.
"전 그 친구가 워낙 말이 없어 잘 몰랐는데, 가만 생각해 보니 피구를 잘했던 것 같아요. 다음에 피구를 하면 같은 편이 돼서 좀 더 이야기를 나눠 봐야겠어요."
피구왕 채윤이.
"이 친구는 하도 장난이 심해서 싫어했는데 막상 이렇게 그리니, 이 친구가 우리 반에 없으면 무척 심심하겠구나 싶어요."
역시 배려심 많은 나현이.
친구의 색깔을 알아내는 일은 즐겁고도 신난다.

# 아이를 자라게 하는 질문의 책,
# 그리고 그림일기

초등학교 1학년 아이들에게 그림일기를 쓰라고 하는 것은 글쓰기의 부담을 덜고 그림으로 자기 생각이나 일상을 친근하고 쉽게 기록하게 하기 위해서다. 아이들이 그만큼 글쓰기도 일기 쓰기도 어려워한다는 뜻이겠다. 생각해 보면 아이들은 자유롭게 자기 이야기를 기록할 여유나 기회를 가진 적이 별로 없다. 그게 글이든 그림이든.

세상과 소통하기 위해서는 글이 반드시 필요하다고, 마음껏 가지고 놀 수 있는 도구라고 알려 주질 못했다. 어른들은 한글을 얼른 깨쳐야 책도 읽고 학습지도 풀고 숙제도 할 수 있다는 생각이 앞선다. 시험이라도 볼라치면 묻는 말에 정답만 써야 한다. 그 정답이란 것도 1번, 2번, 3번, 4번 중에 하나만 고르면 된단다. 자기 생각이나 느낌을 적을 칸은 없다. 혹시 있다 해도 정답에 가까운 글만 써야 한다. 글로 시를 쓰고, 노래를 부르고, 자기 생각이나 느낌을 표현하는 법을 배우지 못했다.

그래도 그림은 조금 낫지 않느냐고? 아이가 사람이나 사물을 인지하는 그림을 그리기 시작하면 엄마는 아이에게 그림에 대한 이야기 듣는 것이 아니라 조언을 하기 시작한다.

"자동차는 이렇게 그려. 사람이 어디 이렇게 생겼니? 나무는 이렇게 그려야 해."

심지어 아이 그림을 지우고 그 위에 그림을 고쳐 그린다. 그렇게 하면 아이는 글을 쓰고 그림을 그리는 것이, 일기를 쓰는 것이 싫어질 수밖에 없다. 시시껄렁한 이야기는 지우고 다시 쓰게 하니까 일기장을 보여 주는 것도 싫다.(아, 일기는 원래 검사하는 것이 아니다.)

그래 놓고 엄마들은 아이가 일기에 매일 한 일만 쓴다고 불만이다. 느낌이나 생각은 담지를 못한다고. 아이 입장에서 생각해 보면 하루 종일 한 일이 너무 많아 생각이 나올 겨를이 없다. 생각은 틈에서 나오는 것인데 그 틈을 누릴 여유가 없는 것이다. 글도 그림도 즐겁지가 않고, 생각과 느낌도 그냥 흘려버리고 마는 터라, 막상 내 이야기를 해 보려고 해도 뭘 어떻게 해야 할지 모르게 된다.

언젠가 아이들에게 '사랑'이란 단어를 주고 떠오르는 이미지를 그려 보라고 한 적이 있다. 빨간색 하트를 그리고는 "남자친구가 생기면 좋겠다."고 하는 아이가 있는가 하면, 이어폰을 그리고는 "너와 내가 함께 나누는 사랑"이라는 글귀를 적은 아이도 있었다. 다른 아이는 거친 손을 그린 뒤에 "아버지, 사랑해요."라고 썼다. 같은 이미지라도 아이들마다 모두 다른 의미로 받아들이고 표현한 것이다.

효은이가 목장 견학을 다녀온 날, 자기는 우유가 싫어서 일기를 쓰기 싫다고 한 적이 있었다. 그래서 우유를 싫어한다는 이야기를 써 보면 어떨까 했더니, 그림일기에다 우유를 두 잔 그렸다. 그러고는 이렇게 썼다.

학교에서 목장 견학을 갔다. 근데 나는 우유를 싫어한다. 그래서 목장도 재미없었다. 하지만 하루에 우유 두 잔이 좋다란 이야기는 기억이 난다. 나는 우유를 싫어하는데 하루에 우유 두 잔을 어떻게 먹는담. 차라리 송아지랑 젖소랑 친해지고 싶다. 나중에 엄마와 동물농장에 가서 송아지를 볼 것이다. 우유는 싫어도 송아지는 예쁘다. 일기를 쓸 때 생각을 쓴 것은 처음이다.

**이렇게 쓰고 보니, 쓸 게 없다는 이야기가 재미난 글이 되었다.** 이미지는 단순하게, 대신 글은 상세하게 써서 보는 이들을 즐겁게 했다. 다음 날 학교에서 선생님이 효은이 일기를 아이들에게 보여 주면서 칭찬을 해 주더란다. 다들 목장 가서 구경한 일 위주로, 비슷비슷한 일기를 썼는데 효은이만 자기 느낌을 온전히 적고 그렸기 때문이다. 개성 있는 이야기는 누가 봐도 즐겁다.

글과 그림이 어우러진 일기를 쓸 때 그림을 상세하게 그리면 글은 상징적이고 시적으로 쓰는 게 좋다. 이미 그림에서 자세히 보여 줬는데 글로도 자세히 쓰라고 하면 똑같은 일을 두 번 하는 것과 같다. 글과 그림이 조화를 이루고 있는 그림책이 바로 이런 방식으로 만들어진다.

아이들이 자신만의 생각과 느낌을 담은 글을 쓰고 그림을 그리려면 꼭 필요한 게 있다. 바로 질문이다. 아이들에게는 자신이 누구인지, 또 나와 연결된 세계는 어떻게 존재하는지 스스로 질문하는 시간이 꼭 필요하다. 질문에 답을 하면서 스스로를 탐색하게 해 주어야 한다. 그럴 때 가장 알맞은 활동이 '질문의 책'을 만드는 것이다. '질문의 책'은 주로 질문이 적은 고학년 아이들에게 좋은 작업이다.

질문은 특별하지 않아도 괜찮다. 먼저, 요즘 가장 궁금한 게 뭔지 글로 쓴다. 갑자기 떠오르거나 엉뚱한 질문도 좋다. 그리고 그 질문에 어울릴 답을 그림으로 그린다. 이미지는 의미가 모호해서 답을 하나로 정할 수 없다. 하트 하나에도 연인에 대한 사랑, 부모에 대한 사랑, 사물에 대한 사랑, 형이상학의 사랑 등등 수많은 사랑을 담을 수 있다.

아이들이 쓰는 질문은 대개 이렇다.

밥을 안 먹으면 죽을까?

공부는 왜 하나?

방학엔 뭐 하지?

스마트폰이 없으면 어쩌지?

배가 고파 눈이 핑핑 돌아 의자도, 강아지도, 다 먹을 것으로 보이는 그림을 그리고, 책을 산더미같이 쌓아 놓고 해도 해도 공부가 끝이 없는 장면을 그리고, 방학 내내 뭘 해야 할지 몰라 심심해하기만 하는 장면을 그리고, 스마트폰 금단현상이 일어나는 장면을 그린다. 그러면서 스스로 생각하고 자기만의 답을 찾아간다. 그러다 학기가 끝나 갈 무렵이 되면 질문의 무게도 진중해진다.

나는 어떤 사람이지?

지금 불행하면 나중엔 행복해질까?

전쟁이 없는 세상이 되려면?


아이들 마음이 자라고, 생각이 자라고, 행동이 변한다. 바로, 나 자신이
나를 만드는 아이가 되는 것이다.

**준비물** 일기장이나 두꺼운 스케치북, 색연필, 사인펜, 연필, 지우개, 가위, 풀.

\* 기본 필기구부터 색연필, 사인펜, 물감…, 본인이 원하는 재료라면 무엇이든 다 좋다. 차표나 전시회 표 같은 것으로 콜라주를 해도 재미있다. 자신만의 느낌이 있는 글과 그림이 되도록 재구성하는 것이 중요하다.

\* 이야깃거리의 소재나 주제에는 절대 관여하면 안 된다. 아이들이 필요로 하는 것에 조언을 하기만 해야 한다. 오랫동안 작업한 글과 그림을 보고 아이 스스로 변화를 느끼는 것이 좋다.

질문의 책을 할 때
질문을 먼저 적고
그림을 그리면 좋다.

저학년 그림일기는 글을 먼저 쓰고
그림을 그리면 아이들이 덜 힘들어한다.

같이
얘기해 보아요

"오늘은 일기 뭐 쓸 거야?"

"오늘은 아무 일도 없고 재미난 것도 없고 쓸 게 없어요."

"진짜 아무것도 쓸 게 없어?"

"네, 오늘은 심심한 하루였어요."

"그럼 심심한 것에 대해 적어 보면 재미나겠네."

"심심한 걸 적는데 재미나다니요?"

"어떨 때 심심해? 왜 심심할까? 안 심심하려면 어떻게 하면 될까?"

"놀아야죠. 근데 이런 이야기를 써도 돼요? 심심하면 놀아야 한다. 근데 가끔 심심한 것도 좋은데."

"그 이야기도 적으면 좋겠네."

'일기'나 '질문의 책'은 일주일에 두 편에서 네 편 정도가 가장 적당하다. 시간에 쫓겨 쓰지 않도록 해 주자. 시간이 부족하면 아무래도 대충하기 쉽다. 쓰는 요일을 정해 놓거나, 썼는지 물어보는 정도가 좋다. 시간을 정해 놓고 같이 쓰는 것도 좋다. 어른도 일기나 생각을 같이 적으면서 개인의 기록을 만들어 나가 보자. (이때가 아니면 언제 또 이런 걸 해 보겠는가. 못 이기는 척하고 아이와 하드커버로 된 예쁜 스케치북 두 권을 사서 '너 하나, 나 하나' 해 보자)

12월이 되면 지난 시간의 기록을 보고 이야기를 나누는 시간을 갖자. 꾸준히 써 온 그림일기, 그리고 '질문의 책'을 함께 보는 것만으로도 알차다. 일기를 보여 주기 싫어한다면 아이들에게 자신의 기록에 대해 어땠는지 물어보는 정도만 해도 괜찮다. 아이 스스로 자신이 이렇게 쑥 자란 것에, 성실히 써 온 것을 자랑스러워할 것이다.

# 보이는 몸,
# 보이지 않는 몸

이런 병원이 있다고 상상해 보자. 엑스레이를 찍었더니 의사 선생님이 미간을 찌푸리면서 이렇게 말하는 거다.

"결과가 나왔습니다. 생각한 것보다 당신은 속이 시커멓군요. '흑심 4기'로 치달아, 회복 불능입니다."

얼마나 부끄럽겠는가. 내 마음이 고스란히 담긴 사진이 찍힌다든지, '사실은 당신을 사랑하지 않습니다.' '저는 돈을 환장하게 좋아해요.' '저는 윗집 여자를 한 대 때려 주고 싶습니다.'처럼, 입 밖으로 절대로 말하지 않을 진심이 빨갛게, 파랗게, 노랗게, 알록달록 찍힌 사진을 보여 주는 병원이 있다면 그곳은 장사가 잘될까, 안될까?

뜬금없는 소리로 시작했지만 자기 속을 제대로 들여다보는 일은 어렵고도 중요한 일이라는 얘기를 하고 싶다. 아이들뿐만 아니라 우리는 자기 몸을 들여다보는 일에도 서툴다. 자기 마음을 잘 들여다보는 일은, 자기를 사랑하고 아끼는 데서 비롯되는데, 그럴 수 있는 시간 자체가 많지 않기 때문이다. 보이지 않는 몸에 대해 생각하는 시간은 더욱 그러하다. 아이들과 일부러라도 보이지 않는 몸에 대해 생각해 보는 시간을 갖는 것은 퍽 특별한 경험이 될 것이다.

내 몸이긴 하지만 잘 보이지 않거나, 보기 어려운 곳을 아이들과 찾아본다. 겉에 드러나 있지만 보기 어려운 곳들은 뒤통수, 등짝, 엉덩이, 똥구멍, 팔꿈치, 발뒤꿈치, 발바닥……. 신체검사 날 발뒤꿈치가 새까매서 당황스러웠던 때, 남자 앞에서 호호호 손으로 입을 가리며 다소곳하게 웃는 순간 시커먼 소매부리가 드러나 민망했던 순간, 여름이면 유난히 더 새까만 팔꿈치, "나는 바보다" 적은 종이를 등에 붙이고 집까지 신나게 달고 온 일을 들려주면 아이들도 좋아라 한다.

껑껑거리며 고개를 돌려야 겨우 보이는 이런 곳들 말고, 속에 있어 아예 볼 수 없는 곳들 이야기도 해 보자. 초음파나 엑스선, 각종 내시경 기기들을 이용해야 볼 수 있는 장기들을 떠올려 보자. 그리고 이런 기계들로도 찍을 수 없는 머릿속 이상한 생각, 오장육부 구석구석에 들어 있는 알콩달콩한 마음까지.

일부로 들여다보지 않으면 잘 보이지 않는 팔꿈치와 발뒤꿈치는 좋은 공부 소재다. 갈고 닦아 빛나게 해 놓아야 하는 곳들. 긴 옷 속에서, 양말 속에서 드러내지 않아도 뿌듯한 팔꿈치와 뒤꿈치. 공부와 노력으로 단단하게 굳은살이 박인 멋진 나의 '꿈치'들. 작업하고, 책 읽고, 공부하는 내 몸 뒤편과 안쪽이 나를 든든하게 해 준다.

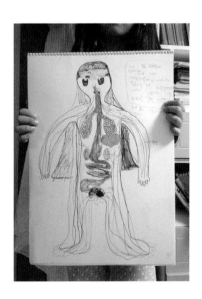

## 이렇게 진행해 보세요

준비물 전지 세 장, 색연필, 사인펜, 수채화 도구 등.
‥‥‥‥‥‥‥‥‥‥‥‥‥‥‥‥‥‥‥‥‥‥‥‥‥‥‥‥‥‥‥

＊ 자신의 몸을 보이는 곳과 보이지 않는 곳으로 나눠 그림으로 표현해 보자.

＊ 큰 종이 세 장을 준비한 뒤 한 장에는 겉모습, 다음 장에는 몸속 장기, 마지막 장에
는 마음속 감정이나 생각을 그린다.

＊ 겉모습은 볼펜이나 유성펜 같은 딱딱한 재료로 자세히 그리고, 몸속은 사인펜으
로 정교하고 섬세하게 그리며, 추상적인 감정이나 마음은 부드러운 크레파스나 물
감으로 표현하면 좋다. 물론 원하는 재료가 있다면 그걸 쓰자.

＊ 세 장을 나란히 붙여서 보거나, 한 장씩 넘겨 보며 이야기를 나눠 보자.

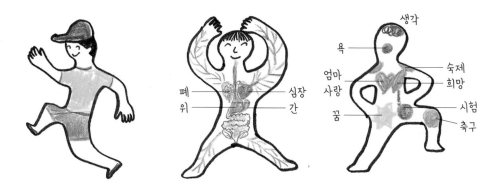

＊ 큰 종이에 그림을 그리는 것이라 하루에 하나씩, 두 시간 이내 작업하는 게 좋다.
너무 오래 하면 아이들이 힘들어한다.

아이들에게 몸속 장기를 설명해 주거나 자료들을 보여 주면서 이해를 도와야 한다. 보이지 않지만 분명히 존재하는 여러 감정, 생각들에 대해서도 이야기를 미리 나눠야 그림을 그릴 때 도움이 된다.

"여기 네 모습을 그려 볼 거야. 보이는 것과 보이지 않는 것들을 작업해 볼 거야. 겉모습은 어떻게 그리고 싶니? 몸속은 우리가 건강하게 살도록 해 주는 장기들을 그려 보자. 밥을 꼭꼭 씹어 삼키면 식도로, 위로 음식들이 소화되고 작은창자, 큰창자 지나며 영양분이 흡수되지. 심장은 온몸 가득 영양분 담긴 피를 보내고, 수많은 혈관들은 이 피를 골고루 옮겨 주지."

"우리 안에 담긴 감정이나 생각에는 어떤 것들이 있을까? 지금은 어떤 마음이 있어? 요즘 무슨 생각을 많이 해? 친구랑 싸웠을 때 마음은 다 풀어졌어? 아니라고? 그럼 어디쯤, 어떤 모양을 남겼을까?"

작업이 끝나면 이렇게 멋진 것이 우리 안에 들어 있으니 내가 나를 잘 챙기고 사랑해야 한다고 말해 주자. 아이들은 이 작업을 끝내고 나서, 부끄럽기도 하지만 속이 시원하다고 말한다.

"지우개, 전 마음에 미움이나 욕을 담고 있으면 안 되는 줄 알았는데, 다른 친구들도 그런 마음이 있네요. 저만 고민하는 게 아닌가 봐요."
"숙제 생각이 이렇게 많이 차지하고 있는 줄 몰랐어요. 에잇, 얼른 숙제하고 없애야겠다."
"내 몸에 장기가 있는 줄은 알았지만 내 것이라고 생각하고 그리려니, 좀 징그럽기도 해요. 그래도 골고루 잘 먹고 관리해야겠다는 생각이 들었어요."
"오늘 그린 감정이나 생각 말고 새로운 게 내 안에 담기면 또 새로 그려 붙여도 되지요?"
물론이지. 마음이 변하고 있다는 것은 너희가 잘 자라고 있다는 증거란다.

# 가치 지도를
# 그려요

대부분의 사람들에게 맛난 것 많이 먹고, 설빔도 챙길 수 있었던 명절은 기다리고 또 기다려지는 날이었을 것이다. 그러나 나에게는 눈앞이 깜깜해지는 때였다. (나이든 이 땅의 여인들에게 명절은 음음, 말하지 않아도 알아요~ 눈앞이 깜깜한 게 아니라 가슴이 답답한 것이다.) 어린 시절 할머니 댁에 갈 일이 끔찍해서였다. 지금처럼 자가용이나 대중교통이 편리하지 않았던 그 시절, 차멀미가 심했던 나는 할머니 댁에 한번 갈라치면 마음을 단단히 먹어야 했다.

차디찬 새벽부터 집을 나서는 일도 고역이었고, 주렁주렁 선물 꾸러미를 든 사람들로 가득해 앉을 자리도 없는 복잡한 대합실에서 차를 기다리는 일도 쉽지 않았다. 엄마를 잃어버리면 어쩌나, 짐을 두고 타면 어쩌지, 깜박하다 차를 놓치면 어쩔까……. 나는 참 걱정 많은 아이였다. 그러다 무사히 차를 타면 멀미를 또 얼마나 할까 걱정했다.

그렇게 고생고생해서 충청도 산골 굽이굽이 넘어 마지막 고개에 오르면, 굴뚝 연기에 둘러싸인 할머니 집이 단박에 보였다. 하루 종일 우릴 기다리느라 불 지피고 기다린 할머니의 마음이었다.

"할머니!"

어스름 속으로 소리 지르며 뛰어 내려가던 우리 삼남매, 그리고 부모님. 지금은 휴게소에서 쉬어 가도 세 시간이면 닿을 거리지만, 그땐 그렇게 어렵게 할머니 댁에 갔다. 할머니의 거친 손이 내 등을 쓰다듬어 주시면 얼마나 좋던지. 어른들의 두런두런 이야기를 자장 가처럼 들으며 잠이 들었다. 그렇게 힘든데도 그게 좋아 다음 명절에는 또 엄마 손을 잡고 길을 나서게 되는 것이었다.

지금 아이들에게 그렇게 가고 싶은 곳은 어디일까? 어떤 것을 가장 가치 있게 여기고 있을까? 어떤 길로 가야 자신이 바라는 그곳에 잘 도착할 수 있을까? 이런 이야기를 아이들과 나눠 보자.

**놀이공원에 간다고 생각해 보자.** 목적지까지 거리가 얼마나 되는지 모르는 아이들은 얼마나 왔느냐, 얼마나 더 가야 하느냐, 더 빠른 길은 없느냐고 묻는다.

놀이공원에 가려는 까닭은 즐겁게 시간을 보내기 위해서다. 목적지에 즐거운 시간이 있다는 확신이 있어야 가는 동안도 즐겁다. '즐거움'을 목표로 하지 않고, '놀이공원'을 목표로 잘못 잡으면 불법 유턴도 하게 되고, 과속도 하게 된다. 놀이공원에 가는 것이 바빠 가는 내내 길가 풍경은 보이지도 않는다.

삶 또한 그렇다. 대학이, 직업이 목표가 되면 아이들은 그 길을 기쁘게 걷지 못한다. 친구도 돌아볼 수 없고, 꽃이 피는지 지는지도 모르고 자란다. 우리 어른들은 그저 빨리 배우고 익히고 남보다 먼저 가기만을 바라고 아이들 등을 떠밀고 있지는 않은가?

목표로 하는 것이 반짝반짝 빛나는 것이 아니어야 가는 동안의 길이 오롯이 우리 아이의 길이 된다. 또, 가고 싶은 곳, 가야 할 곳을 아이들 스스로 정하고 길을 나서야 그 길이 온전히 기쁨이 된다. 그런 아이는 가는 길 내내 빛이 난다.

**준비물** 4절 도화지, 색연필, 사인펜, 연필, 지우개.

＊ "'가치 지도'를 그려 보자."라고 하면 아이들은 "어떤 직업을 가질지 그리는 거예요?" "꿈이 뭔가 그리는 건가요?" 하고 묻는다. 아니다. 자신이 원하는 가치를 아이들 삶의 중심에 두게 돕는 지도다.

＊ 사랑, 용기, 배려, 행복, 기쁨, 관용, 책임, 감사, 양심, 정직, 성실, 순수, 믿음, 자유, 겸손…… 이런 다양한 가치 가운데 가장 중요하게 여기는 가치가 무엇인지 정한다.

＊ 여러 개의 가치를 두어도 좋다. 좋아하는 친구가 여럿이듯, 가치도 여럿일 수 있다. 여러 가지 가치를 담은 삶은 더 즐겁다.

＊ 출발을 현재 시점으로 해도 좋고, 태어나서 어디쯤 왔는지 시간을 지도에 같이 표시해도 좋다. "한 살, 우리 집 기쁨으로 태어나다." "다섯 살, 유치원 입학하다." "여덟 살, 초등학교 입학. 세상을 배우다."라고 적을 수도 있다.

＊ 가치가 두세 개라면 색을 구분해서 길을 칠하면 좋다. '행복'으로 가는 길은 분홍, '사랑'으로 가는 길은 노랑. 그런데 목표가 둘 이상이어도 가다 보면 합쳐지는 곳이 분명 생긴다. 이런 부분은 색을 섞어 보거나 무늬를 만들어 칠하면 더 보기가 좋다.

＊ 지도가 완성되면 친구들이나 가족과 함께 꼭 나눠 보자.

같이
얘기해 보아요

가은이는 자기가 그린 가치 지도의 도착지를 '행복'이라 정했다. 행복으로 가는 여러 길 중에 하나는 친구들과 즐겁게 놀기, 가족과 여행 가기, 의사 선생님이 되어 아픈 사람들을 돕기…… 같은 것이 놓여 있었다. 의사 선생님이 되는 길에는 가시밭을 그려 놓기도 했다. 남자 친구와 헤어진 뒤의 길은 미로로 그려 놓고, 아이를 낳아 키우는 길엔 허방도 만들었다. 그 모든 길이 자신의 길이란다.

"선생님, 길이 이렇게 많은데 헤매는 것도 당연하고, 가고 싶어도 가지 못하는 길이 생기는 것도 당연하네요. 좀 늦게 가도 되고요. 그리고 행복으로 가는 길이 참 많아요. 모든 길이 다 행복이랑 연결되어 있어요!"

하윤이는 '사랑'과 '기쁨'을 가치 지도의 두 목적지로 정했다. 목적지를 많이 만들고 싶다고 했다. 가족과 함께 여행하는 것이 기쁨이고, 동생이랑 치고받고 싸워도 그 길 끝에 사랑이 있음을 알고 있다고 한다.

선생님이 되고 싶은데 혹 못 되더라도 누군가에게 도움이 될 수 있게 길 위에 여러 가지를 그려 보겠다는 아이도 있었다.

현서가 만든 사랑 지도, 준서가 그린 행복 지도, 규현이가 만든 정의 지도가 하나하나 연결돼 멋진 가치가 넘쳐나는 세상이 된다.

"저는 커서 무엇이 되고 싶으냐고 누가 물으면 이야기를 못 했어요. 아직 되고 싶은 게 없거든요. 근데 이런 가치 지도는 부담이 없는 것 같아요. 헤헤. 그리고 왠지 더 뿌듯해요. 가치 있는 삶이라니, 좀 근사해요."

"이렇게 하니 제가 할 수 있는 것이 더 많이 생기는 것 같아요. 실패해도 갈 수 있는 길이 여럿 있고요. 그리고 실패도 실패가 아닌 것 같아요. 가는 길목에 있는 자연스러운 돌부리 같다는 생각도 들어요. 물론 넘어지면 아프긴 하겠지만 길 위에 계속 앉아 있거나 돌아가지는 않죠. 어떻게 다시 작년이 될 수 있겠어요? 시간은 내일로 가잖아요. 잘될 것 같아요, 제 인생이요."

생각 많은 재원이와 생각하기 싫어하는 선재가 갑자기 쑤욱 자란 것 같다.

# 나는
# 무엇일까?

벽장을 치우다 먼지투성이 잡동사니 속에서 상자를 하나 찾았다. 열어 보니 아이들이 서너 살 때 그린 그림이 한가득이다. 알록달록한 점과 선이 가득한 그림이다. 분명 아이들은 이 그림을 그리고 물감 범벅인 채로 신나서 나에게 달려와 종알종알했을 테고, 나는 감동을 받아 모아둔 것이 이렇게 산더미가 됐을 텐데, 이제 와서 보니 뭘 그린 건지도 가물가물하다.

누런 도화지에 알록달록한 점들이 여기저기 모여 있다 흩어지기도 하고, 대담한 색이 칠해진 커다란 점이 가운데 떡 하니 그려져 있기도 하고, 이상한 선들이 이리 삐뚤 저리 삐뚤 튀어나와 있기도 하다.

이건 아름다운 장미를 품은 씨앗일까, 요건 아이가 좋아하던 멋진 뿔을 지닌 풍뎅이 알인 것 같은데, 저것들은 밤하늘의 별일까.

요기 조용하고 작은 파란 점은 지구일까. 그러나 지구의 첫 모습은 이런 파랑이 아니라 아기가 처음 세상에 나올 때처럼 쭈글쭈글하고 벌겋게 상기된 상태였겠지. 차차 열이 식으며 협곡도 생기고 물도 흐르고 산과 바다가 구분이 되고 새로운 생명들이 자리를 잡아갔을 거다. 아름답고 조용해 보이는 점이지만 상상해 보니 안은 시끌벅적 야단법석이다.

고인돌에 손을 대고 석기시대로 거슬러 가는 상상을 했던 것처럼 아이는 이런 점을 그리며 시공을 뛰어넘었으리라.

지금은 사라졌지만 거대한 공룡도 지구의 한 점이었듯이 우리 역시 하나의 점으로 생겨나 무수히 많은 점들과 시간과 공간을 교차하며 팽창하고 소멸해 간다. 그러나 세상은 그 무수히 많은 무명의, 아니 이름이 있어도 아무도 모르는 열심히 살아낸 점들로 이뤄져 있고 그 점들로 생명을 얻는다. 그리고 다시 한 점이 태어난다.

아이의 그림 속 점과 선 들은 에너지가 가득하다. 노란 점, 까만 점, 빨간 점을 그리는 아이가 이 점이었을 것이다. 그림은 아이의 흔적이다. 아이는 그림을 그리며 작은 씨앗에서 거대한 우주까지 살아나게 한다.

선은 또 어떠한가. 집 밖을 나서는 순간 무수히 많은 점들과 아이는 관계를 만들어 간다. 이 기다란 선은 바다로 가는 기차인가, 이 구불구불한 선은 파도일 거야. 아이가 움직이는 순간 점과 점이 선으로 이어지듯 아이는 세상과 접속하게 된다.

점이 정지, 지점을 말한다면 선은 이동, 연결이다. 한 점일 뿐인 내가 다른 점과 관계를 맺고 싶다면 아무리 거리가 멀더라도 선으로 잇기 위해 부단히 많은 노력을 해야 한다. 일단 그 다른 점을 이해하는 일부터. 그리고 나의 선을 연결할 것인지, 선을 세워 경계를 만들 것인지 생각하게 된다. 그 경계 또한 나를 위한 것이기도 하고 그들을 존중하는 경계가 되기도 한다. 혹시 연결되지 않는 점이라도 외로워하지 말자. 홀로 있는 작은 점 속에도 언젠가 새로운 세계를 열 자양분이 가득함을 우린 알고 있으니까.

점과 점을 이은 선들이 만나면 무수히 많은 면이 생겨난다. 아, 이 얼마나 근사한가. 다양한 면들! 점, 선, 면이 만들어 낸 아이의 그림. 각자 점인 나로부터 출발해 다양한 선들로 길을 놓고, 그 길들은 또 다른 길을 만나고 새로운 면을 만나며 '세상'이란 입체를 만들어 낸다. 그 입체들은 여러 모양으로 미래를 꿈꾼다.

**준비물** 스케치북, 색연필, 사인펜, 자, 연필, 지우개, 철사.

＊스케치북에 여러 모양의 점을 그린 다음, 색칠을 하고 이름도 붙이자.
알록달록 점, 울퉁불퉁 점, 개구쟁이 점 등 뭐든 이름 붙이기 나름이다.

＊이제 선을 그려 보자. 거만한 선, 차분한 선, 힘센 선, 화난 선, 기분 좋은 선 등 여러
모양과 색으로 꾸미고 재미난 이름을 붙이자.

＊기다란 철사를 이리저리 구부리며 이야기를 만들어 보자.
토끼와 거북이의 경주 이야기를 하면, 토끼와 거북이가 달리기하는 길, 중간 중간에
표지판이 꽂힌 막대기, 사냥꾼이 파 놓은 구덩이의 곡선 등을 상상해 볼 수 있다.

＊철사가 준비되지 않았다면 마임으로 상황 연기를 하고, 알아맞히기 놀이를 해도
좋다. 비 오는 날 우산을 들고 손을 내밀어 비를 만져 보는 연기를 한다. 비도 선이고
우산대도 선이다. 재미나게 표현하고 그림도 그려 보자.

＊아이들이 새롭게 찾은 선은 눈에 잘 띄게 빨강색으로 그려 주자.
연필, 책상, 아파트 속에 숨은 직선, 라면, 파도, 엄마의 머리카락 속에 숨은 곡선 등.

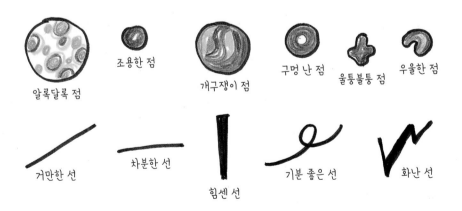

알록달록 점    조용한 점    개구쟁이 점    구멍 난 점    울퉁불퉁 점    우울한 점

거만한 선    차분한 선    힘센 선    기분 좋은 선    화난 선

같이
얘기해 보아요

미술은 화가가 하고 싶은 이야기를 눈에 보이는 시각적인 언어로 작업하는 예술이다. 여기서 '시각적인 언어'란 점일 수도 있고, 선일 수도 있고, 면일 수도 있다. 점과 선, 면은 가장 기본적인 조형 언어다.

점과 선, 면은 작품을 이루는 형태나 이미지를 구체화한다. 현대 미술에선 점, 선, 면으로 구성된 그림을 다시 점, 선, 면으로 해체하거나 점, 선, 면을 제거하는 시도를 하는 작품도 꽤 많다. 많은 화가들과 철학자들은 조형의 기본 요소에 대한 시각적 분석과 철학적 사고를 멈추지 않는다.

칸딘스키나 클레 같은 유명한 화가의 그림 속에서 점, 선, 면이 어떤 이야기를 품고 있는지 같이 들여다보자. 또 수많은 점을 찍어 그림을 그린 조르주 쇠라의 작품들도 한번 감상해 보자. 피터 레이놀즈의 그림책《점》을 함께 봐도 좋겠다.

검정 크레파스로 두껍고 짧은 선을 힘주어 열심히 그리던 지원이가 말한다.
"이건 저예요. 새까만 작은 막대기! 그런데 이 작은 막대기는 화분에 심고 물을 주면 쑥쑥 자라요. 제가 자라듯 말이에요."
"이 겁쟁이 점은 겁이 많아 많은 선을 연결해 안전한 집을 만들었어요. 그런데 그러다 보니 자유롭지가 못해요. 선이 너무 많아 친구도 못 놀러 오겠네."
고슴도치 같은 점을 그린 호기심대장 예담이.
"이 알록달록 작은 점은 저예요. 점이 왜 이렇게 울퉁불퉁하냐면요, 맨날 혼나서 이렇게 됐어요. 그런데 어른이 되면 이 작은 점에서 멋진 꽃이 필 거예요. 요기 점 속에 분홍 보이시죠? 세상에서 가장 예쁜 분홍 꽃이 필 거예요."
이렇게 말하는 채윤이를 보다 가슴이 터지는 줄 알았다. 점, 선, 면으로 이렇게 멋진 이야기를 품을 줄 아는 아이들은 이미 예쁜 분홍 꽃이다.

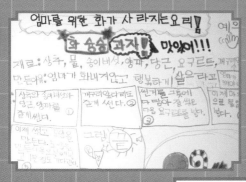

# 2부
## 알뜰하게 보살피되,
## 넘치지 않게

◆ 내가 만드는 부모님 위인전

◆ 엄마, 아빠를 위한 요리사

◆ 선생님 열전

◆ 온몸으로 같이 놀아요 쭈욱쭉

◆ 크리스마스 파티에 초대할게요!

◆ 누가 누가 더 열심히 살았나?

◆ 내 인생 이야기책

# 내가 만드는
# 부모님 위인전

위인전을 보면 훌륭한 사람이 참 많다. 나라를 위해 목숨을 걸고 싸운 이순신 장군도 훌륭하고, 우리글을 만든 세종대왕도 훌륭하다. 글과 그림에 뛰어났고, 훌륭한 어머니였던 신사임당도 훌륭하다.

그런데 나는 위인전을 별로 좋아하지 않는다. 위인전에 나오는 인물은 지금 시대가 원하는 인물들이기가 쉽다. 역사 속 인물이 어디 왕과 장군, 학자, 양반 들뿐이었겠는가? 행주산성에서 돌 나르던 백성들의 이야기는 어떤 위인전에도 없다.

그래서 나는 지금 내 곁에 있는 사람들에게 감사와 존경을 먼저 보내고 싶다. 그중에서도 가장 존경하는 분들은 소방관이다. 불길 속으로 돌진하고, 차까지 둥둥 떠내려가는 무시무시한 물속에서 사람을 구해 낸다. 어떤 위험 앞에서도 몸을 사리지 않는다. 환경미화원도 그렇다. 매연으로 가득 차고, 언제 사고가 날지 모르는 위험한 차도에서 묵묵히 청소를 한다. 또 새벽 첫차를 타고 집을 나서 다른 사람들이 출근하기 전 건물을 깨끗이 청소해 주시는 분들께도 큰 감사를 올린다. 누군가의 오물을 깨끗하게 치우는 게 얼마나 어려운 일인가.

그런데 이분들이 일하고 받는 대가는 너무도 터무니없어서 화가 난다. 몇 해 전 모 대학에서 청소 노동자들이 당시 최저임금에도 한참 못 미치는 임금을 받고 처우도 개선되지 않아 결국 시위에 나선 일을 본 적이 있다. 소방관들도 마찬가지다. 사정이 열악하다 못해 끔찍하다. 화재 진압용 장갑도 없고 초과근무 수당도 없단다. 환경미화원들도 대부분 계약직이다. 사회가 건강할수록 직업 간의 임금 차이가 얼마 나지 않고 노동 기본권과 인권을 존중받는다. 우리 사회가 그만큼 건강하지 못하다는 증거다.

누군가에게 고마움을 표현하는 방법은 여러 가지가 있다. 고운 말과 글을 쓰는 것은 세종대왕님께 고마움을 표현하는 좋은 방법이다. 영토뿐만 아니라 우리의 얼까지 잘 지켜 내는 것이야말로 이순신 장군께 감사하는 길이다. 행주산성에서 돌 나르던 민초들을 위하는 길은 내 곁의 사람들에게 더 많은 관심을 쏟는 것이겠다.

묵묵히 일하고 정직하게 삶을 꾸려 가는 한 사람 한 사람이 모두 다 위인이다. 그래서 가장 가까운 사람, 엄마와 아빠의 위인전을 꾸며 보는 것은 큰 의미가 있다.

"**엄마 아빠가 연애한 이야기는 꼭 거짓말 같아요.** 엄마를 만나려고 금 열쇠, 은수저, 돈다발 들고 남대문 밖까지 남자들이 줄을 섰다는 이야기를 어떻게 믿겠어요? 아빠가 엄마 부츠 끈 묶어 주려고 무릎 꿇었을 때 엄청 멋져 보이더란 얘기는 참말 같지만요. 우리 아빠가 좀 마당쇠 같은 면이 있거든요. 그 얘기할 때 엄마 눈빛은 뭐랄까, 좀 드라마 주인공 같아요. 그래 놓고 엄마는 또 그러네요. '사랑만으로 결혼을 하면 이렇게 지지리 궁상'이라고요."

제 엄마를 인터뷰하고 나서 아이가 구시렁구시렁 들려주는 이야기를 듣다 보면 오래된 사진첩 속에서 아이 엄마 아빠가 걸어 나오는 모습이 보일 것 같다. 눈을 감고 이야기를 따라가면 꿈 가득한 두 젊은이 모습이 저절로 떠오른다. 무엇을 해도 다 멋지다. 무슨 노래를 흥얼거렸을까? 무슨 책을 읽었을까? 누구랑 친했을까? 꿈은 무엇이었을까? 아이를 낳고 키우느라 바빠 당신들이 가진 눈부신 빛을 우리에게 나눠 주신 부모님 이야기는 정말 아름답다.

어릴 적 학교에서 존경하는 사람을 적어 내라 하면 나는 늘 부모님을 적어 냈다. 어린 마음에도 부모님이 고마웠던 모양이다. 우리 아이들은 누구를 적어 내려나?

## 이렇게 진행해 보세요

**준비물** 인터뷰 종이, 16절 도화지 여러 장, 색연필, 사인펜, 유성펜, 사진, 가위, 풀 등.

* 아빠를 인터뷰해 보자. 질문은 스무 가지 정도가 좋다.

1. 어린 시절 제일 친했던 친구는 누구였나요?

2. 할머니에게 크게 혼났던 일은 뭐예요?

3. 좋아하는 노래는 무엇이고, 가수는 누구인가요?

4. 커서 뭐가 되고 싶으셨나요?

5. 좋아하는 색깔은 무엇인가요?

6. 발 크기, 몸무게, 키를 얘기해 주세요.

7. 저를 처음 만난 날, 기분이 어땠어요?

1 종이를 접고 풀칠을해서 책을 만든다.

2 겉표지는 좀 두꺼운 종이로 붙여서 튼튼하게 만든다.

3 표지에는 아빠를 직접 그리거나 사진을 오려 붙여 꾸민다.

4 책 본문에는 인터뷰한 내용으로 채워 넣는다.

5 책 마지막 부분에는 아빠의 훌륭한 점을 되도록 많이 적어 보자. 어디까지나 위인전 아닌가.

같이
얘기해 보아요

위인전을 잘 만들기 위해서는 평소에 대화가 없던 아빠와도 이야기를 많이 나누어야 한다. 편안한 시간에 자연스럽게 하는 것이 좋다.

바빠서 직접 인터뷰를 못 했다는 어떤 아빠는 아이에게 이메일로 답을 보냈다. "어릴 때 다니던 학교는?"이란 질문에 아빠는 컴퓨터에서 출신 학교를 검색해 사진 파일을 첨부해 주었다. 인터뷰 내용이 무슨 보고서 같았다. 그걸 받은 아이가 속상해하는 게 당연했다. 학교 가는 길이 어땠는지, 집에 올 때는 무슨 놀이를 했는지, 어린 시절이 어땠는지를 이야기해 주었으면 얼마나 좋았을까?

또 어떤 아이는 아빠에게 감명 깊게 읽은 책이 뭐냐고 물었다가 "펄벅의 대지!"라는 간단한 대답만 들었다. 아빠 위인전을 소개하는 날 아이는 이렇게 말했다. "우리 아빠는 '펄벅에 사는 돼지'라는 책을 감명 깊게 읽으셨대요!" 아이가 만든 위인전에는 돼지 그림이 그려져 있었다.

진짜 기자들이 인터뷰하듯 색다른 장소에서 만나도 좋다.

부모님 위인전을 만들면 부모님을 더 잘 이해하고 가까워질 수 있다. 사춘기 무렵 엄마랑 사이가 안 좋았던 수진이는 인터뷰를 하는 동안 엄마가 자기처럼 어린 소녀로 느껴져서 좋았다고 했다.

엄한 아빠가 무섭기만 했던 소영이도 어린 시절에 할머니한테 무진장 혼난 아빠 이야기를 들으면서 고소해했다.

아빠 위인전 말고 엄마 위인전, 할머니 위인전, 할아버지 위인전도 얼마든지 좋다. 특히나 조부모님들은 손주가 만들어 준 위인전에 엄청 감동하신다. 어떤 할아버지는 친구들 모임에까지 가지고 가서 자랑하셨단다.

# 엄마, 아빠를 위한
# 요리사

그림책 강연에서 만나는 엄마들의 걱정은 한결같다. 아이를 어찌하면 잘 키울까 늘 안절부절못한다. 참, 자식이 뭔가 싶다. 마음이 예쁜 아이로 잘 자랐으면 하는 게 큰 욕심이 되어 버린 이상한 세상 탓이다. 엄마는 먹는 거, 입는 거, 자는 거, 공부하는 거, 심지어 노는 것까지 신경 써야 한다. 그러느라 정작 자신은 놀지도, 먹지도, 자지도 못한다.

북유럽 신화에 프리그라는 여신이 나온다. 최고 신 오딘의 아내이며, 사랑과 빛의 신 발데르의 어머니다. 프리그는 발데르에 대한 불길한 꿈을 꾸고, 자식을 지키려고 살아 있는 모든 것들과 생명이 없는 것 모두에게 발데르를 해치지 말아 달라고 부탁을 한다. 최고의 여신이 자식 때문에 작고 미미한 것들에게 무릎을 꿇는다. 그런데 딱 하나, 겨우살이나무를 빠트리고 말았다. 결국 발데르는 겨우살이나무를 잘라 만든 화살에 맞아 죽고 만다. 아무리 최고의 여신이라도 자식 잃고 고통스러운 마음은 보통 사람과 똑같다.

가만 생각해 보면 자식 걱정에 어쩔 줄 몰라 하는 건 다 엄마의 불안 때문이다. 엄마 마음이 안정되고 소신이 있으면 형편이 어렵더라도 그 집 아이들도 행복하게 잘 자라더라. 엄마가 잘 먹고, 잘 자고, 잘 놀고, 세상 공부를 열심히 해야 아이도 보고 배워서 잘 먹고, 잘 자고, 잘 놀고, 잘 배워 간다. 몸과 마음이 건강한 엄마와 함께한 아이는 얼굴도 밝고 마음도 건강하다.

"네가 최고야! 우리는 너를 무척 사랑한단다. 너를 위해서라면 무엇이든 해 줄게."

그렇게만 이야기했으니 아이는 이런 사랑을 당연하게 받아들인다. 엄마 아빠를 위하는 것, 가족을 사랑하는 것, 사랑과 나눔은 가르치기를 소홀히 했다. 집에서 익히지 못했으니 밖에 나가서도 자기 뜻대로 되지 않으면 분노한다. 부모는 부모대로 내가 너에게 얼마나 사랑을 주었는데 이럴 수 있느냐며 아이를 다그친다.

부모도 받는 연습을 해야 한다. 아이에게 존경과 신뢰, 사랑을 받는 것만큼 큰 선물이 어디 있겠는가. 모든 아이는 날개를 달고 엄마 품을 떠난다. 날개는 아이 스스로 만들어야 하는 것이다. 아이를 진심으로 사랑하고 잘 자라길 바란다면 아이 스스로 날개를 만들 수 있게 옆에서 응원해 주는 것 말곤 할 것이 없다.

《아기 곰의 가을 나들이》란 그림책이 있다. 엄마 곰과 아기 곰은 겨울이 오기 전에 부지런히 먹는다. 그리고 더욱 맛있는 것을 먹기 위해 연어가 오르는 강으로 간다. 엄마 곰이 멋지게 물에 풍덩 들어가 연어를 잡아 오니, 아기 곰은 다가와 나눠 주기를 기다린다. 그런데 엄마 곰은 "네 힘으로 해야지." 한다.

아이들은 이 장면에서 난리가 난다. 못된 엄마 곰이라고 말이다. 맛난 걸 자기 혼자 먹다니! 다음 장에는 아기 곰이 연어를 잡으려고 하지만 뜻대로 되지 않는 장면이 나온다. 그러다 엄마 곰처럼 물로 들어가 본다. 물속 세상을 처음 본 아기 곰은 눈이 휘둥그레진다. 결국 제 스스로 연어를 잡아먹고 엄청 기뻐한다. 엄마 곰은 아기 곰에게 연어를 주지 않았지만 더 큰 연어를 꿈꾸게 해 주었다.

그러니 자, 이제 아이들에게 사랑을 받아 보자. 물론 예쁜 낙엽이랑 돌멩이를 선물이라고 내밀던 꼬맹이가 접시를 깨지 않을 만큼 컸다면 말이다.

**준비물** 8절 도화지, 색연필, 사인펜, 연필, 지우개.

* 부모님이 봄에는 무슨 나물을 좋아하고, 비오는 날은 뭐가 당기는지, 바람 쌩쌩 추운 날엔 어떤 찌개를 좋아하는지, 지금 먹고 싶은 게 뭔지 물어보자. 부모님을 위해 앞치마를 입고 물에 손을 적셔 가며 음식을 해 본 아이는 부모님을 더욱 사랑할 수밖에 없다.

* 엄마 아빠를 위해 만들 음식을 정했다면, 음식 이름과 선정 이유, 필요한 재료, 만드는 순서를 쓴다. 재료를 그림으로 그리고 만드는 과정도 간단하게 그려, 보기 좋게 꾸민다.

* 장을 봐서 싱싱한 제철 요리 재료를 준비한다.

* 요리를 만들고 예쁘게 차려 엄마 아빠에게 대접하면 된다.
음식을 보기 좋게 차리는 것도 미감을 살리는 좋은 공부다. 색감을 살려 음식을 만들고 예쁜 그릇에 담아낸 다음 상차림을 돋보이게 하는 장식을 해 보자.

* 가족이 다 같이 모이는 날에 하면 만드는 아이도 음식을 받는 부모님도 여유가 있다. 저녁 시간이나 주말에 가족 모두의 즐거운 시간이 되도록 도와주시라.

같이
얘기해 보아요

음식은 관심이고 사랑이고 배려다. 이가 튼튼하지 않은 엄마에게 자기가 좋아하는 질긴 갈비 요리를 대접한다거나, 땅콩 알레르기가 있는 아빠에게 땅콩버터 샌드위치를 만들어 준다거나, 엄마 생일이라면서 자기가 좋아하는 콩나물국을 끓이겠다는 아이는 없다.

부모님의 이야기가 담긴 음식도 좋다. 아이가 해 주고 싶은 요리를 묻고, 왜 그 요리를 하려고 하는지 이야기를 나눠 보자. 준비부터 뒷정리까지 모두 아이가 스스로 해야 의미 있음을 잘 가르쳐 주자.

아, 그리고 불이나 칼을 사용할 땐 지켜봐 주시는 게 좋다.

예지는 그동안 모아 두었던 용돈으로 혼자 장을 보았다. 그리고 요리책과 인터넷에서 정보를 얻어 스프부터 샐러드, 한우 스테이크까지 풀코스로 준비해 엄마 아빠를 대접했다. 근데 엄마 아빠가 남동생들에게 요리를 나눠 주자 화가 났다. 남동생이 무려 셋이나 있는 누나였다! 평소에도 아이 넷 때문에 제대로 챙겨 드시지 못하는 게 안타까워 작정하고 준비했는데 동생들에게 나눠 주다니……. 그렇지만 부모님은 자신이 먹은 거나 다름없다며 아주 기뻐하셨다. 마냥 어린 줄 알았는데 아껴 모은 용돈을 쓴 것도 기특하고, 오후 내내 준비한 것이 감동스러우셨단다.

소현이는 아빠가 날마다 늦게 들어오시고 피곤하시니 건강 주스를 만들어 드리고 싶다고 했다. 채소와 과일의 좋은 점을 공부한 뒤 일요일 아침, 깨끗이 씻어 마련한 재료로 주스를 만들어 드렸다. 아빠가 좋아하신 건 물론이다.

성은이는 살이 쪄서 고민하는 엄마를 위해 다이어트에 도움 되는 음식을 해 드리고 싶다며 맛있는 샐러드를 준비했다.

훈모는 자기는 싫어하지만 아빠가 청국장을 좋아한다며 엄마에게 요리하는 방법을 배워 해 드렸다. 냄새가 싫어서 요리하는 내내 코를 휴지로 막고 했는데, 아빠가 맛있게 드시는 걸 보고는 '더 잘할걸.' 싶더란다.

물론 음식을 태우기도 하고, 너무 짜게 만들기도 하고, 재료를 덜 익혀 내놓은 아이도 있었다. 그러나 그것 또한 행복한 실수였다.

# 선생님
# 열 전

**예전과 달리 아이들 곁엔 선생님이 차고 넘친다.** 어떤 초등학교 3학년 아이가 한 주 동안 만나는 선생님을 보자.

학교 선생님은 담임선생님 한 분으로 하더라도, 수학 학원 선생님 두 분(선행, 사고력), 영어 학원 선생님 세 분(말하기, 쓰기, 문법), 논술 선생님, 바둑 선생님, 인라인 선생님, 줄넘기 선생님, 피아노 선생님, 바이올린 선생님, 미술 선생님, 학습지 선생님. 빼면 섭섭하실까 봐 레고 선생님도 넣고, 아파서 병원 가면 만나는 의사 선생님, 병원 간 김에 머리 깎고 오려니 헤어디자이너 선생님까지 총 열일곱 분이다.

그 아이가 좀 특별한 걸까. 그 아이 친구들이 만나는 선생님을 헤아려 봐도 거의 일고여덟 명, 적게 만나도 네다섯 명은 기본이었다. 초등학교 한 해만 이 정도이니 고등학교 졸업할 때까지면 만난 선생님이 백 명은 넘을 듯하다. 까아악! 여기다 엄마 아빠의 가르침까지 받으니 아이들의 머리는 터질 지경이다.

도대체 어쩌다 우리 아이들이 이렇게 바보가 된 걸까. 아니면 진짜 이렇게 배워야 하는 것이 많은가.

그 수많은 선생님들 가운데 아이가 진정으로 마음을 터놓고 얘기할 사람은 몇이나 될까. 성적을 올리기 위한 공부 외에 교감을 나누는 선생님이 있나 정말 한번 진지하게 묻고 싶다. 자본주의 사회에선 교육 역시 시장의 논리를 따른다.

그러나 경제 논리대로 돈을 지불했으니 응당 아이 성적이 올라야만 선생 노릇 제대로 하는 거고 아이와 가까이 할 자격이 주어지는 거라면, 우리는 더 이상 아이의 미래에 대해 이야기할 수 없다. 교육은 이 험난한 세상 속 경쟁에서 앞서 나가는 기술을 가르치는 것이 아니다. 자신의 힘으로 자신의 세계를 만들고 어떠한 세상이든 견뎌 나아가는 마음의 힘을 키우게 하는 것이 교육이 해야 할 일이다.

내가 일주일에 한 번씩 미술을 가르치는 대안학교에서는 아이들이 나를 '지우개'라고 한다. 나뿐만 아니라 다른 선생님들에게도 별명이 있다. 교장선생님은 '달님', 영어 선생님은 '솜사탕', 수학 선생님은 '깡순이', 담임선생님은 '파도'다.

'깡순이'랑 '솜사탕'이 수학이랑 영어를 얼마나 잘 가르치는지, '달님'이 학교를 얼마나 잘 관리하는지는 잘 모르겠고, 사실 하나도 안 궁금하다. 아이들의 눈을 일일이 마주 보고 아이들 말에 귀 기울이는 모습 하나만으로도 나도 그들의 코 밑에서 입 헤벌리고 학생이 되고 싶으니까. 중학생 아이들이 선생님과 어깨동무하고, 속내를 터놓고 이야기하고, 함께 무엇인가를 모색하는 것이 얼마나 감동적인 일인지 학부모라면 알 것이다.

지난달 '징검다리'(초등 1학년 담임이다)가 '개나리'(1학년 태관이 엄마의 별명이다)에게 말했다.

"개나리! 축하드려요. 드디어 태관이가 말을 안 듣기 시작했어요. 무척 마음에 들어요."

시키는 대로 잘 따르는 착하고 반듯한 태관이가 자기 생각을 말하고 고집을 부리기 시작했다는 뜻이다.

그런 것까지 예쁘게 보다니 '징검다리' 멋지지 않은가.

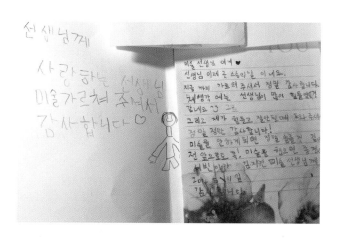

**준비물** 8절 도화지 여러 장, 사인펜, 색연필, 연필, 지우개 등.

＊선생님을 인터뷰하자.

그런데 대부분 선생님들이 너무 바쁘시니 질문지를 만들어 돌리는 것도 좋다. 질문지를 드릴 때는 취지를 말씀드리고 공손하게 부탁하자.

＊질문은 이런 것들로 해 보자.

1. 언제, 어떤 계기로 선생님이 되고 싶으셨나요?

2. 선생님이 된 뒤 가장 기뻤던 일은 무엇인가요?

3. 어떤 선생님이 되고 싶으신가요?

4. 방학 때는 뭐 하시나요?

5. 선생님이 안 됐다면 어떤 일을 했을까요?

6. 좋아하는 음악이나 음식, 책을 알려 주세요.

7. 선생님이 본 저는 어떤 아이인지, 어린 시절 꼭 했으면 하는 건 뭔지 얘기해 주세요.

＊도화지를 반으로 접어 선생님 수만큼 여러 장 책 모양이 되게 붙인다.

＊지은이, 출판연도, 출판사, 가격 같은 걸 적어 꾸미면 한결 책의 모양새가 난다.

같이
얘기해 보아요

초등학교 3학년 예진이가 피아노 선생님 그림을 그리고 이야기를 적었다.
"틀릴 때마다 손을 때려서 선생님이 무섭지만, 예뻐서 좋다."
"피아노가 싫은 거지, 선생님은 좋다."라는 멋진 말도 했다. 아이들은 사랑이
많은가 보다.
선생님 열전이니 누가 누가 더 훌륭한지 내기도 하게 된다. 선생님들의 장점
을 아이들 스스로 찾아내니 선생님에 대한 자부심이 커진다.
선생님 자랑을 마구 하던 아이들 사이에 "우리 축구 선생님이 더 훌륭해.",
"아니야, 우리 태권도 선생님이 더 훌륭해." 하고 경쟁이 붙었다.
"그럼 선생님들 둘이 싸움 시켜 보자!" 하는 엉뚱한 소리가 오고 가더니,
"우리 선생님이 욕도 더 잘해."라는 한마디에 다들 푸하하 웃고 말았다.

우리 선생님이 무조건 최고니 아이들에게는 배움의 시간이 무척 행복하고
설레겠지.
선생님들! 우리는 어른이니까 아이들을 기쁘게 해 주자고요. 배우고 익히고
나누는 것이 얼마나 즐겁고 기쁜지 우리는 알고 있잖아요.

# 온몸으로 같이 놀아요
## 쭈 욱 쭉

〈태양의 서커스〉라는 공연을 본 적이 있다. 단순한 기교를 보여 주는 서커스가 아니라 이야기도 탄탄하고, 아름다운 음악에 화려하고 섬세한 의상까지…… 아름다운 몸이란 바로 이런 것이다, 가르쳐 주는 공연에 마음을 다 빼앗겨 버렸다. 몸이 보내는 언어는 예술성과 결합하여 새로운 상상의 세계를 열어 주었다. 공연에서 보여 준 동작 하나하나를 완성하기 위해 얼마나 많은 시간과 노력이 필요했을지 생각하니 아득했다. 동작이 멋지게 완성되지 못하면 아무 의미 없는 몸짓이 되고 말았을 것이다. 자기 몸을 스스로 다스리기 위해 얼마나 굳은 의지를 가졌겠는가!

그 굳은 의지를 고스란히 담고 있는 것이 나의 몸이다. 나처럼 몸치인 사람도 얼마든지 가능하다. 70대 중반인 우리 고모님도 근래 몇 년 요가를 하시더니 바닥에 앉아 다리 찢기를 하고 심지어 엎드려 가슴이 바닥에 닿으신단다.

우리 아이들의 몸은 불덩이다. 마음껏 뛰어 놀고 싶은 불덩이. 그런데 아파트라 뛰면 안 되고, 길에는 자동차가 많이 다녀서 안 되고, 놀이터에서는 다친다고 안 된다. 조금이라도 놀라치면 학원 갈 시간이고, 숙제할 시간이다. 게다가 놀고 싶어도 놀이터에 같이 뛰고 놀 친구가 별로 없다.

그러니 아이들은 운동 부족으로 비실비실, 제 몸을 써서 뭘 하는 것도 두렵고 제 방 청소도 힘들다. 좀 무거운 것을 들거나 먼 거리를 걷기라도 하면 난리도 아니다. 내 몸 다스리는 주체가 자신이라는 걸 아이들이 알았으면 좋겠다. 그러려면 적절한 운동을 규칙적으로 해야 근육도 키우고 뼈도 단단하게 할 수 있다. 건강한 몸은 건강한 생각을 낳는다.


어린아이 기르는 데 조리 보호 필요하고
알뜰하게 보살피되 뜻만 받아주지 마세
젖을 과히 먹고 나면 소화 작용 잘못하여
먹은 것이 체하여서 구토 설사 하기 쉽고
덥게 입혀 좋지 않고 얇은 옷이 적당하네
바람 아니 불거들랑 햇빛 자주 보여주고
차게 하고 덥게 함은 시절 따라 맞게 하네.

《한 권으로 읽는 동의보감》, 김남일·신동원·여인석 글, 들녘, 1999


《동의보감》에 나오는 말이다. 알뜰하게 보살피되 과히 먹이거나 입히지 말고 뜻을 받아만 주지 말라는 글귀가 우리 시대 엄마들에게 주는 말 같다. 해 달라는 대로 다 해 주다간 버릇도 없어지고 이기적이 될 수 있다. 과잉보호하지 않아야 아이가 더 튼튼하게 자란다.

누군가가 시켜서가 아니라, 무엇을 배운 뒤에 내 몸을 쓰는 것이 아니라, 자연스럽게 몸을 움직여 보자. 떨어지는 낙엽을 아름답게 잡아 보며, 음악을 듣고 어깨를 들썩이고, 바람을 쫓아 달려가기도 해 보자. 비를 맞으며 비가 되어 보고, 스스로를 자연의 일부로 느껴 보자. 그런 자연스러운 몸을 우리 아이들이 갖게 해 주자. '차게 하고 덥게 함은 시절 따라 맞게' 하면서 말이다.

## 이렇게 진행해 보세요

**준비물** 간편한 복장, 스케치북, 연필, 지우개.

\* 아이들과 간단한 체조를 해 보자. 학교에서 배운 체조, 엄마가 하던 요가, 책이나 영상에서 본 어린이 체조나 여러 스트레칭 동작까지 뭐든 다 좋다.

\* 체조 자세를 그림으로 그려 보자. 한 사람이 시범을 보이면 다른 사람이 따라해 보고 그림으로 표현하면 된다.

\* 아이들이 만든 재미난 동작도 그려 보자. 아이들은 실제로 따라하기 무척 어려운 동작들을 내놓는다. 그래도 같이 해 보면 움직임이 즐겁다는 걸 절로 알게 된다.

\* 동작 옆에 이름도 붙여 보고 설명글도 써 보자. 서커스처럼 공을 주고받거나 여럿이 하는 줄넘기, 이어달리기, 함께 들고 옮기기 같은 운동을 통해 성취감, 함께하는 기쁨을 맛볼 수 있다.

같이 체조를 해 보자고 했더니, 아이들이 처음에는 미술 시간에 뭐 이런 걸 하냐고 볼멘소리였다. 그런데 막상 시작하고 나니, 서로 웃기는 동작을 만들어 웃느라 정신이 없다. 둘이 함께하는 공 던지기나 보자기 던져 받기 놀이를 하면서는 배꼽이 빠진다. "아주 우아하게 잡아야 해!" 했더니, 동작이 아주 우스워진 까닭이다.

"이 운동을 하고 다리가 땅기는 걸 보니 다리가 튼튼해지려나 보다."

"등을 쭈욱 펴니 온몸에 맑은 공기가 가득 들어가는 느낌이다. 온몸이 쭉 펴지며 내 몸이 나무 같다는 생각이 들었다. 학교 의자에 앉아서도 종종 해야겠다. 그러면 교실이 숲속같이 시원해질 것 같다."

"친구랑 같이 하니 더 재미가 나서 땀도 많이 나고 운동이 된 것 같다."

지찬이는 "우리 아빠한테 이 운동을 알려 줘야겠다. 내 배가 땅기는 걸 보니 아빠가 이걸 하면 뱃살이 빠질 것 같다. 어쩜 엄마도 필요할지 모르겠다."고 썼다. 그러면서 '아빠를 위한 운동'이란 제목으로 그림을 그리기 시작했다.

- 아이들 말 태워 주기
  — 허리 근육이 튼튼해지며 아이들과 사이가 좋아진다.
- 아이들과 팔씨름하기
  — 팔 근육이 튼튼해지며 아이들 건강도 좋아진다.
- 자전거로 장 보기
  — 이 운동을 하면 다리도 튼튼해지고 엄마가 행복해하신다.

오늘 밤 지찬이는 앞에서 이렇게 쭈욱, 요렇게 쭈욱 시범을 보이고, 부모님은 땀 뻘뻘 흘리며 팔다리를 허공에 내던지는 모습, 생각만으로도 즐겁다.

# 크리스마스 파티에
# 초대할게요!

 우리 집 크리스마스 파티는 좀 특별하다. 사람들에게 얘기하면 "진짜?" 하면서 눈이 동그래진다. 시끌벅적 즐거운 크리스마스 파티, 누구라도 열 수 있다!

크리스마스 파티는 하루 만에 뚝딱 준비하면 재미가 없다. 다람쥐가 겨우내 먹을 양식을 마련하듯 한 해 동안 조금씩 선물을 모은다. 갑자기 선물을 마련하려면 늘 아쉬움이 남는다. 그러니 틈나는 대로 준비하자. 크리스마스는 겨울이라 대부분 겨울 선물이기가 쉬운데, 한여름에 미리 사 두었다가 크리스마스 때 선물하는 것도 색다른 즐거움을 준다.

나는 동생 생일에 예쁜 그릇 시리즈를 해마다 선물한다. 한 해는 그 시리즈의 접시, 한 해는 그 시리즈의 스파게티 그릇, 또 한 해는 그 시리즈의 커피 잔……. 이렇게 하다 보면 동생에겐 그 시리즈 전체 그릇을 언니에게 선물 받는 기쁨이 생긴다.

아이들도 선물 받는 날이 일 년에 딱 세 번이라 어떤 선물을 받을지 엄청 고민한다. 생일, 어린이날, 크리스마스에 받을 선물 목록을 정하느라 심사숙고한다. 원한다고 다 가질 수도 없다. 그래도 그나마 본인들이 원하는 선물을 받을 수 있는 날이 그런 날들이니, 도가 지나치지 않는 범위에서 고민하느라 머리가 이만저만 아픈 게 아니다.

좌우지간 이렇게 마련한 선물 꾸러미를 들고 가족 크리스마스 파티에 간다.

모두 모인 뒤에는 맛있는 음식을 먹고 시끌벅적 퀴즈 대회도 연다.

"자! 할아버지 이름은?"

가장 웃어른이라 모두 큰 소리로 이름 말하기를 어려워하는데, 여덟 살 손자가 거침없이 큰 소리로 "김상호!" 하고 외친다.

"할머니 생일은?"

딸들은 헷갈리는데 며느리인 숙모가 가장 먼저 번쩍 손들며 큰 소리로 말한다.

"숙모 이름은?"

제일 큰 조카가 이름을 맞히자 숙모는 눈물을 글썽이며 감동한다. 퀴즈를 맞힌 사람은 선물 꾸러미에서 선물을 하나씩 꺼내 간다. 그러고는 퀴즈가 끝난 뒤에 다 함께 풀어 본다.

"어? 이건 와인이네. 이건 작은 고모 가져. 고모, 술 좋아하잖아."

여덟 살 조카가 말한다.

"이 가방은 정말 예쁘구나. 우리 민승이 줄까?"

분홍색 가방을 뽑은 할아버지가 네 살 손녀에게 가방을 주니 손녀는 할아버지 품에 폭 안긴다.

"숙모랑 할머니 두 분 중에 더 필요하신 분이 가지시면 좋겠어요."

우리 아들은 영양크림을 뽑아 놓고 제 엄마는 쳐다보지도 않는다.

"이 책은 딱 삼촌이 봐야겠네."

"이 영양제는 할아버지께 더 좋을 것 같아요."

자기가 뽑은 선물이 원하는 것이 아니라고 불만인 사람은 아무도 없다. 더 알맞은 사람에게 선물이 알맞게 돌아갔기 때문이다. 결국 선물은 제 주인을 다 찾아간다. 혹시 마음에 드는 선물을 못 받은 사람이 생길까 봐 돈이나 상품권도 가져가지만 아직까지 그걸 써야 하는 일은 생기지 않았다.

**준비물** 4절 도화지, 화려하게 꾸밀 색종이나 리본, 색연필, 사인펜, 색연필, 물감 등.

★ 포스터 만들기

＊크리스마스 파티 제목을 정해 잘 보이게 쓰자. 참고로 우리 가족 파티 이름은 졸라서 하는 '졸라 파티'다. 아이들은 우스갯소리로 "졸라졸라 재밌는 파티"라고 하다보니 이름도 그리 되고 말았다. 여러분 댁에서는 좀 우아한 이름을 짓는 데 성공하시길!

＊포스터엔 날짜와 장소, 시간과 공지사항을 적어 꾸민다. 번지지 않는 매직으로 바깥 선을 그리고, 물감이나 색연필로 칠하면 눈에 잘 띈다.

같이
얘기해 보아요

억지로라도 크리스마스 파티를 열어 보자. 쑥스러워서 못 하겠다는 식구가 분명히 있을 것이다. "산타 할아버지 같은 소리 하네!" 하는 어른도 분명히 있겠지. 그래도 아이들이 좀 더 자랄 때까지는 꿈을 믿게 해 주자. 온 누리에 사랑을 내리는 크리스마스 아닌가! 메리 크리스마스!

메뉴판을 함께 만들고, 아이들이 한두 가지 간단한 음식을 준비하게 하는 것도 좋다. 메뉴판을 만드는 건 음식을 만들어 주시는 분들에게 감사하기 위해서다. 또 메뉴판이 있으면 음식을 준비하는 어른들도 계획을 세우기 좋다. 가족들이 나눠서 음식을 해 오기로 하면 서로 기대도 하게 되고 더 즐겁다. 메뉴판을 만들던 아들이 그런다.
"엄마, 이모가 갈비 만들어 온대. 이모 갈비에 이나 제대로 들어갈는지 몰라. 하하."
이런 이야기를 주고받으면서 음식 그림으로 메뉴판을 꾸미고, 그 옆에 음식을 만드는 사람을 간단하게 소개하는 것도 재미있다. 우리 아들이 만든다면 내 이름 옆에 이렇게 쓰겠지.
"이 불고기를 만든 김지연 님은 천연 재료와 최상품 재료를 이용해 여러분들의 미각 세계에 놀랍고 충격적인 경험을 하게 해 드릴 겁니다."

크리스마스트리도 주제를 정해 재미있게 꾸밀 수 있다. 나뭇가지 끝을 온통 리본으로 묶은 리본 트리, 사탕을 주렁주렁 매단 사탕 트리……. 세상에 없던 멋진 트리를 만들어 보시라. 우리가 만들었던 트리 중에는 전 세계 기업의 로고로 꾸민 트리도 있었다.

# 누가 누가
# 더 열심히 살았나?

 한 해가 끝나는 마지막 날엔 올 한 해가 어땠나 살짝 되돌아 보게 된다. 늘 아쉬움이 남는 순간이다. 나이를 먹을수록 어찌나 시간이 휙휙 지나가고 아이들은 쑥쑥 크는지, 이러다 뭘 잘 해 보기는커녕 정리 도 못 하고 끝나겠다 싶어 불안해진다. 그래서 우리 가족은 한 해가 끝나 갈 무렵에 "누가 누가 잘 살았나 대회"를 연다.

간단하게 차린 맛난 음식을 먹으며 각자 한 해를 얼마나 열심히 살았는지 자랑하기 시작 한다. 상품으로는 멋진 새해 플래너, 고급 스케치북, 만화책, 신기한 장난감 들이 걸려 있 다. 기세가 등등한 아빠가 먼저 이야기를 시작한다.

"회사 다니는 게 쉬운 줄 알아? 내가 올 한 해 동안 건물을 얼마나 많이 지었는데. 오래된 건물은 또 얼마나 많이 고쳤고. 건물을 새로 짓고, 고쳐서 안전하게 사는 데 내가 큰 도움 이 됐지. 그렇게 번 돈으로 너희들 놀이공원도 데려가고 고기도 사 줬어. 나도 회사 안 가 고 싶은 날이 얼마나 많은데……. 그래도 참고 갔어. 결근도 한 번 안 하고. 나 멋지지?"

이에 질세라 엄마가 비장하게 주먹으로 바닥을 내리치며 말한다.

"나는 한 해 동안 밥을 얼마나 많이 한 줄 알아. 내가 지은 밥을 다 모으면 여우가 뛰어노 는 동산쯤은 우스울걸! 내 덕에 피와 살을 만든 자들이여, 모두들 내게 감사하라고. 그뿐 이겠어. 내가 빨래에 청소까지 다 했잖아. 나 없으면 우리 집은 돼지우리야. 그리고 난 올 해 그림도 무지하게 그리고 책도 무지하게 읽었어. 내가 공부도 우리 집에서 제일 많이 할걸!"

아이라고 할 말이 없겠는가.

"학교 다니는 건 뭐 쉬워? 선생님 말씀도 들어줘야지, 친구들이랑 놀아도 줘야지. 간간히 손들어 발표도 해야 존재감도 살지. 친구 생일 파티도 가끔 가 줘야지. 엄마 잔소리도 들어줘야지. 동생이랑 놀아도 줘야지. 그리고 내가 축구를 얼마나 열심히 했는데. 우리 집에서 나보다 책 많이 읽은 사람 있어? 내가 얼마나 책을 열심히 읽었는데!"

'줘야지' 생색을 내느라 콧구멍이 하늘을 향한 초등학교 3학년 아들은 '내가 이렇게라도 너희들과 어울려 줘야지' 하는 분위기다.

막내도 거든다.

"어린이집은 뭐 쉬운 줄 알아? 노는 게 얼마나 힘든데! 열심히 안 놀면 재미가 없다고. 힘들어도 참고 놀아야 재미가 있거든. 딱지를 하루 종일 치면 팔이 얼마나 아픈데. 치다 보면 팔이 외계인처럼 쭈욱 늘어나는 것 같다고. 게다가 딱지를 잃기라도 해 봐. 더 센 딱지를 또 만들어야 해. 구슬치기도 하루 종일 하면 손가락이 얼마나 아픈지. 눈도 한쪽은 작아지는 기분이야. 힘센 아빠도 나만큼 오래는 못 놀잖아. 게다가 아빠랑 형아한테 놀아 달라고 졸라야 하지, 엄마한테 책 읽어 달라고 졸라야지, 정말 바쁘다고. 조르고 고집부리는 것도 쉽지 않아. 우리 집에서 이런 거 하는 건 나뿐이잖아!"

내복 바람에 손에 딱지랑 구슬 주머니를 들고 선 위풍당당 일곱 살 아들. 참 대단하다. 모두 만장일치로 막내 승! 꼴찌 아빠! 모두모두 잘 했어요.

선물을 나눠 갖고 삐친 아빠를 달래며 맛난 것을 먹는다.

그리고 다시 아침, 식구들이 다 나가고 나면 집 안은 전쟁터다. 여기저기 벗어 던져 놓은 옷을 그냥 둘까 하다 학교 가서 등 쭉쭉 펴고 공부하라고 툭툭 털어 반듯하게 걸어 준다. 그러다 한 번씩 아이들이 만들어 준 작은 부적을 들여다본다. 세상에서 가장 강력한 부적.

"엄마, 사랑해요."

## 이렇게 진행해 보세요

준비물 예쁜 종이들, 색연필, 사인펜, 가위, 풀.

### ★ 연하장 만들기

지난해 열심히 산 것을 격려하고 새해에도 행복하시라는 덕담을 적자.
"할머니, 지난해 팥죽 정말 맛있었어요. 올해도 건강하셔서 더 맛있는 팥죽 만들어 주세요."

### ★ 명언 카드 만들기

한 해 동안 힘이 되어 줄 멋진 말들을 모아 글과 그림으로 꾸민 카드를 만들자.
명언 카드에 구멍을 뚫어 고리를 끼워 묶음으로 선물하면 무척들 좋아한다.

### ★ 부적 만들기

부적은 소원을 적은 종이다. 예로부터 나쁜 기운을 막고 복을 부르는 진심을 담아 소원을 적으면 이루어진다고 믿었다. 쉽고 재미난 부적을 만들어 보자.

같이
얘기해 보아요

모두모두 열심히 살아서 고맙고 감사하다는 뜻을 전하는 시간이다. 혼자 힘으로 잘 먹고 잘 사는 것이 아니라, 보이지 않는 누군가의 노고 덕에 편하고 안락한 삶을 살고 있다는 생각도 해 본다. 또 누군가가 내 덕분에 힘을 얻어 살고 있다면 고마운 일이지.

사람들은 크고 멋진 것을 나눠 줘야 감동하는 것은 아니다. 작은 돌멩이 하나로도 커다란 꿈을 꾸는 것이 우리들이다.

연필을 잡고 꾹꾹 눌러 써 보자.

1월엔 눈처럼 예쁜 마음이 가득할 겁니다.

3월엔 분명 선물을 받게 되어 있어요(이달이 생일인 사람).

4월엔 새싹만큼 엄청난 힘이 솟아 건강해질 겁니다.


"새해는 어떤 띠의 해지? 지은이는 무슨 띠니?"

지은이가 눈물을 글썽인다.

"엄마가 저는 안 사 줬어요."

"전 리본머리띠요." 하고 자신만만하게 웃는 리본머리띠 한 예은이.

"이 바보들아, 그런 건 사는 게 아니야. 태권도 다니면 따는 거지. 저는 노랑띠요!"

동규가 자랑스럽게 말하자 아이들이 "우와!! 멋있다." 부러워한다.

1학년 아이들과 이야기를 나누면 정말 재미있다. "자축인묘 진사오미 신유술해" 하면서 열두 띠를 가르쳐 주기가 싫다. 그저 그냥 예쁘다.

# 내 인생
# 이야기책

내가 미술로 아이들과 삶을 노래하자는 생각을 품은 것은 이오덕 선생님과 권정생 선생님의 글귀 덕분이었다. 지금도 그렇고 앞으로도 내가 품은 생각은 변하지 않을 것이다. 아이들을 만나는 사람이 순수함을 잃는다면 두 다리 뻗고 잠을 잘 수나 있을까. 아이보다 더 낮은 소리로, 아이들 뒤에 서 있는 든든한 나무가 되고 싶다.

아이들에게는 언제나 고맙고 고맙다. 아이들 덕에 정직하게 살아야겠다, 마음도 더 반듯하게 해야겠다, 결심하게 된다. 아이들 덕에 책도 더 읽게 되고, 남도 돕게 된다. 아이 목구멍을 넘어가는 밥 한술이 아이 몸을 살리고, 아이의 눈과 가슴으로 들어온 책이 아이 정신을 살린다. 또 예술은 아이의 마음을 달래 준다. 그 아이들이 만들고 살아갈 세계는 어떨까? 엄마나 선생님이란 사람은 말 한마디, 발자국 하나하나도 아이들에게 도움이 되어야 한다. 그런데 우리 어른들도 자기 자신을 제대로 보는 일이 잘 안 되는데, 아니 조금 안다 해도 변화하지 않는 스스로에게 실망스럽기도 한데, 아이들에게 말 한마디 발자국 하나를 어찌 준단 말인가.

선생님, 정말 하루하루가 덧없이 흘러갑니다. 이 고독을 극복할 수 있는 방법을 찾다 보니 시간만 흘러가 버리고 그냥 제자리에 서 있습니다. 자기완성은 처음부터 조건이 구비된 시발점에서만 가능한지요? 완성이란 애초에 불가능한 것이고 인간은 영원히 미완성인지는 모릅니다.

저 자신이, 그리고 저 이웃의 여러분들이 그리고 있는 그림은 모두가 추상화에 불과한 것인지요?

저는 제자리에 서 있는데 시간은 가고 있습니다.

선생님, 부디 건강하시기 빕니다.

1980년 7월 24일

권정생 올림

《선생님, 요즘은 어떠하십니까》, 이오덕·권정생 글, 양철북, 2015

**권정생 선생님이 이오덕 선생님에게 쓴 편지다.** 교회 종지기로 평생 가난과 질병으로 고통 받으면서도 작고 약한 사람들의 이야기를 아름다운 동화로 쓰신 권정생 선생님, 그리고 글쓰기 교육이란 아이들에게 글재주를 가르치는 것이 아니라 아이들의 마음과 삶을 키워 가는 것이라는 교육 철학을 지니신 이오덕 선생님.

그런 두 분이 주고받은 편지를 읽다 보니 세상에 여리고 약한 것들에게 한없이 내어 주고 사랑을 주시는 모습이나, 삶의 번잡함에 순수함을 잃지 않는 모습이 참으로 감동이었다. 부도, 명예도, 안락도 초월해 사신 분들이니 그랬겠지.

**우리 어른도 자기완성에 대한 갈망은 목마르다.** 내가 보기엔 성자 같으신 권정생 선생님도 자기완성이란 화두로 자신을 괴롭히니 인간은 누구나 자아에 대해 끊임없는 질문을 하나 보다.

시간을 남기는 일. 시간은 흘러가면 아무런 흔적이 없다. 그러나 내가 내 삶을 주도하면 시간이 분명 어떤 식으로든 흔적을 남긴다. 그 한 해의 흔적들을 모아 보자. 나에 대한 흔적들, 나의 인생 이야기!

**준비물** A4 종이 여러 장, 색연필, 사인펜, 연필, 사진, 가위, 풀, 지우개 등.

* A4 정도 되는 종이를 접어 붙여 책 모양으로 만든다. 겉표지는 두꺼운 종이를 붙여 꾸미고《O살 내 인생》,《ㅇㅇ의 즐거운 O살》같은 제목을 지어 본다. 표지 그림으로는 가장 멋진 내 모습을 그린다.

* 먼저 이름, 생년월일, 키, 몸무게, 발 크기, 생김새, 학교, 집 주소, 연락처 등을 쓴다. 다음 해가 되어 이 책을 펴 보면 키와 발이 얼마나 자랐는지 알 수 있다.

* 좋아하는 음식, 물건, 사람, 느낌, 색깔 등을 쓰고, 좋아하는 까닭도 쓰자. 그림은 특히 좋아하는 것 한두 가지만 그려도 좋다. 싫어하는 것 열 가지도 쓰고 그린다.

까슬까슬 수건

비 오는 소리

막 지은 밥

라랄라 우쿨렐레

* 잘하는 것 열 가지를 쓰고 그린다. "엉뚱한 상상을 잘 한다." "옷을 개성 있게 입는다." "코를 잘 푼다."도 좋다. 아이들이 잘하는 것을 많이 찾아주자.

* 잘 못하는 것 열 가지를 쓰고 그린다. 기분이 상하지 않게 차근차근 물어보고, 그런 건 원래 어린이들이 잘 못하는 게 당연한 거라고 일러 줘야 한다. 어른이 되어도 잘 안 되는 것투성이라고도. 잘하는 게 없다고 했던 아이들은 이 항목에는 빼곡히 써 놓기도 한다.

* 〈올해의 사건 사고〉 같은 재미난 꼭지도 만들고, 후기도 적고, 광고도 하자.

같이
얘기해 보아요

나는 누구인지, 내가 좋아하는 것은 무엇이고 내가 싫어하는 것은 무엇인지, 내가 잘하는 것과 못하는 것, 나의 소원……. 이런 질문은 스스로를 알아가는 데 좋은 출발점이 된다. 미술 치료에선 이렇게 자기를 이해하기 위해 하는 활동이 자존감을 높여 준다고 한다.

권정생 선생님이 쓴 《똘배가 보고 온 달나라》란 동화에 이런 말이 나온다.

"이런 시궁창도 가장 귀한 영혼이 스며 있는 세상의 한 귀퉁이란다."

하찮아 보이고 시시콜콜한 것들이 모인, 작고 어린 나 역시 소중하다.

그런 의미에서 자신의 일 년, 한 해를 그림책으로 만들어 보는 것은 굉장한 자긍심을 심어 주는 활동이다.

책 만들기는 다양한 소재를 글과 그림으로 쓰고 꾸미며 구성해 이야기를 만드는 것이어서 아이들도 재미있게 참여한다. 만들어진 결과물에 대해 만족도도 크다.

'내 인생 이야기책'은 한 번만 만드는 것이 아니라 초등학교에 입학하는 여덟 살부터 해마다 만드는 것이 좋다. 초등학교 6년 동안 모두 여섯 권의 책을 만들게 되면, 초등학교 시절 아이가 자란 과정을 한눈에 볼 수 있는 귀한 책이 된다. 보고 또 봐도 참으로 대견하다.

"웩, 내가 1학년 땐 분홍색을 좋아했네. 말도 안 돼. 나도 이런 유치한 때가 있었다니. 이 책을 없앨 수도 없고." 하는 골목대장 유연이.

소영이는 "큭큭. 1학년, 2학년 내내 좋아하는 것에 먹을 거랑 장난감만 잔뜩 썼어요. 근데 아직도 먹는 거랑 장난감 좋아하는데 제가 변하지 않나 봐요. 변해야 크는 거라면서요. 저는 안 큰 건가요?" 그런다.

"저는 제가 잘하는 것이 이렇게 많은지 몰랐어요. 동생이랑 집도 잘 보고, 혼자 숙제도 잘하고, 줄넘기도 잘하고, 친구들 이야기도 잘 들어줘요. 왠지 가슴이 뿌듯해요."

그림을 그리기 시작하면 지진이 나도 모르는 태연이다.

# 3부
# '같이'가 좋아요,
# '함께'가 좋아요

◆ 100명의 사람을 그리자

◆ 100명을 먹여 살려라

◆ 100명이 사는 집

◆ 공정한 게 좋아

◆ 내가 만든 에너지로 나를
　움직이게 해 주는 자전거

◆ 전통 시장, 참 좋다

◆ 세상에 없는 나라, 어린이 나라

◆ 어린이를 사랑해요

◆ 마트에 사는 동물들

◆ 동물을 위한 동물원은 없다

◆ 나와 조금 다를 뿐이에요

# 100명의 사람을
# 그 리 자

 아이들과 함께하는 수업 가운데 규모가 꽤 큰 작업이 몇 개 있다. 등장인물이 자그마치 100명이나 된다!

맨 먼저 하는 것이 각기 다른 사람 100명 그리기, 그다음이 100명의 직업 그리기, 그다음엔 100명이 사는 집 그리기다. 그걸 언제 다 하고 있느냐고? 뭘 모르시는 말씀! 아이들도 나도 홀딱 빠져 하는 수업이다.

100명을 그리다 보면 100명을 넘을 때도 있고, 모자랄 때도 있다. 뭐, 상관없다. 일단 그려 보자. 맨 앞줄엔 자기가 아는 사람들을 그린다. 앞줄이 다 차면 뒷줄로 넘어가 조금씩 겹치게 그린다. 앞사람에 가려 몸의 일부만 보이기도 하고, 앞사람 사이사이에 조금씩만 보일 수도 있다. 되도록 한 화면에 꽉 차게 그리자.

앞줄에는 가족, 친구, 친척과 이웃을 그린다. 그 뒤로는 비록 모르는 사람이긴 해도 우리 마을에 함께 사는 사람들을 생각해서 그리자. 경찰관, 소방관, 버스 운전사, 빵집 아주머니, 구두 수선 아저씨, 환경미화원, 과일 트럭 장수, 의사, 약사, 옷 가게 아줌마, 미용실 언니, 체육관 사범님, 세탁소 할아버지, 집배원 아저씨, 택배 아저씨, 검침원…… . 고학년 아이들 그림에는 도둑, 깡패, 노숙자, 동성애자도 심심찮게 등장한다. 그렇게 그려 넣다 보면 우리 마을에 이렇게 다양한 사람들이 살고 있구나, 하고 마을을 새롭게 보게 된다.

생각나는 마을 사람들을 다 그렸는데도, 아직 100명이 안 된다고? 그럼 마을 밖으로 더 멀리 나가 보는 거다. 농부, 어부, 광부, 목수, 화가, 음악가, 무용가, 배우…… . 무엇인가를 만들어 내는 사람을 그려 보고 저기 멀리 극지방에서 연구하는 과학자, 사막에서 발굴 작업하는 고고학자, 깊은 정글에 사는 원주민, 전쟁을 겪고 있는 사람들, 자연재해로 고통받는 사람들, 먼 나라에 사는 친구들……. 그려 넣을 사람은 무궁무진하다. 지구에는 다양한 모습과 여러 방식으로 살아가는 수많은 사람들이 있기 때문이다.

사람들을 그릴 때는 생김새도 신경 써서 그려야 한다. 사람마다 얼굴이나 체격이 다 다르니까. 게다가 지역이 바뀌면 생김새도 확확 바뀐다. 러시아나 북유럽같이 추운 지방에 사는 사람들은 코가 길다. 찬 공기가 되도록 코에 오래 머물며 데워져 몸에 들어올 수 있게 하기 위해서이다. 그런 특징을 잘 살려 그리자. 반대로 아프리카 사람들의 코는 납작하다. 더운 공기에서 호흡하기 좋게 진화한 것이다. 우리 마을에서 시작해 저 먼 나라 사람들까지 두루 그리다 보면 사는 지역에 따라 몸의 크기나 생김새도 달라지는 까닭을 깨치는 데 좋은 공부가 된다.

생김새뿐만 아니라 자연환경과 역사와 전통에 따라 중요하게 생각하는 가치관도 달라진다. 농경문화가 발달한 지역에서는 사람들이 서로 힘을 모아 일해야 하니 타협과 화합을 중요하게 생각한다. 공동체를 유지하기 위한 도덕이나 규범이 중요하고 순환론적 세계관을 통해 더불어 사는 삶을 당연시한다.

이와 달리 자연환경이 열악하거나 무역에 기대 사는 지역에서는 경쟁을 통해 얻어지는 것으로 생존이 결정된다. 그래서 논리와 경험을 중요시하고 합리적이고 개인의 독립성을 존중하는 직선론적 세계관을 갖는다.

다만, 아이들과 세계 곳곳의 이야기를 나눌 때 조심해야 할 것이 있다. 아이들에게 들려주는 것이 정복자의 세계관은 아닌지 말이다. 우리는 콜럼버스를 신대륙을 발견한 위대한 탐험가로 배웠지만, 사실 콜럼버스가 찾아가기 전에도 그 땅에는 원주민들이 살고 있었다. 원주민들 입장에서는 자기네

땅에 갑자기 들어와 "와, 신대륙 발견이다!" 했으니 얼마나 어이없었겠는가. 게다가 그렇게 들어온 사람들이 이것저것 빼앗고, 사람들을 죽이고, 이제까지 겪어 본 적 없는 병까지 옮겼으니 재앙도 이런 재앙이 없다.

그렇게 15세기 말 콜럼버스의 항해를 시작으로 유럽의 여러 나라들은 아메리카를 점령하고, 이어 아프리카, 아시아 나라들을 식민지로 만들었다. 그러면서 자신들이 차지한 식민지 사람들을 미개하다고 묘사했다. 자신들의 침략 행위를 정당화해야 하기 때문이었다.

유럽의 거침없는 공격에 아메리카, 아시아, 아프리카 사람들은 자신의 고유한 문화를 잃고, 유럽의 문화를 억지로 받아들이며, 경제적으로 수탈당하고, 노예로 끌려가기도 하며 망가졌다. 우리에게도 식민 지배는 낯선 일이 아니다. 제국주의 유럽을 닮으려고 노력했던 일본의 지배를 받은 기억이 있으니까.

그런 역사를 제대로 들려주어야 아이들이 아프리카 사람들은 미개하다는 둥, 머리가 나쁘거나 게을러서 가난하다는 둥 하는 선입견과 편견에 사로잡히지 않는다. 그리고 지금도 세계 곳곳에서 벌어지고 있는 전쟁이나 집을 잃고 떠도는 난민의 고통에도 조금이라도 관심을 기울이지 않을까. 어려움에 처한 이들을 직접 도울 수는 없더라도 힘센 자들이 맘대로 하지 못하게 경고를 하는 것은 할 수 있다. 관심을 가지면 된다.

아무리 힘세고 덩치가 큰 사람이라도 자존감이 높은 사람은 함부로 대하지 못한다. 그 사람이 아무리 작은 사람이라도 말이다. 자존감이 있으면 그 어떤 것이 힘들게 해도 지치거나 쓰러지지 않는다. 스스로를 사랑하는 마음이 가득하면 우리 역사와 문화를 소중하게 여길 수 있다. 내 것이 소중하면 남의 것도 그렇게 여기게 된다. 타인의 문화와 세계를 존중하니 세계는 함께 더 나은 방향으로 나아갈 수 있게 된다.

자존감은 어떻게 만들어질까? 자신과 자신을 둘러싼 세계를 긍정적으로 바라보아야 한다. '나는 공부를 못해.'가 아니라 '나는 달리기를 잘해.'라고 할 수 있고, '나는 무엇을 결정하는 게 어려워.'가 아니라 '나는 신중한 사람이야.'라고 격려하고 나를 새롭게 볼 수 있어야 한다.

또 자존감을 형성하는 데 힘을 실어 줄 수 있는 것이 타인에 대한 공감 능력이다. 다른 사람의 감정이나 정서를 이해하고 서로 소통하며 만들어 가는 인간관계는 나도 사회의 한 구성원이라는 안정감을 느끼게 해 준다. 내 발길이 닿은 학교나 일터가 다 나와 무관한 사람, 의미 없는 사람들이라면 얼마나 두렵고 무기력할까. 공감이 소통을 이끌어 낸다. 건강한 사회일수록 개인의 자존감과 행복감도 높다.

100명을 한 명씩 정성스럽게 그려 가며 이 지구 위의 수많은 사람들을 생각해 보자. 그 어느 누구도 소중하지 않은 사람이 없다. 다 누군가의 아들, 딸이고 엄마이고 아빠이고 친구니까.

**준비물** 8절 도화지, 연필과 지우개.

\* 100명의 사람을 그린다. 원근법은 무시! 뒤에 있는 사람도 다 같은 소중한 사람이니 똑같이 크게 그리는 게 중요하다.

\* 사람들의 생김새는 되도록 다르게 그리자. 남녀노소 골고루, 나이도 다양하게, 키나 체형도 다르게, 눈, 코, 입, 귀, 머리 모양도 다르게, 옷도 개성을 살려 그리자.

같이
얘기해 보아요

우리 마을에 어떤 사람들이 함께 사는지 생각해 보고, 우리 지역의 특성은 무엇인지도 알아보자. 더 나아가 우리나라는 어떤 나라인지 공부하는 것도 좋겠다.

또 세계의 다양한 사람들의 삶을 엿볼 수 있는 책이나 자료를 찾아보자. 각 나라 전통 의상이나 명절, 음식처럼 아이들이 접근하기 쉬운 것부터 찾아보면 좋다.

나에서 시작해 이웃으로, 세계로 생각을 키우면 세상이 거대한 공동체란 것을, 사람은 누구든 무시하고 미워해서는 안 되는 소중한 사람이란 것을 알게 된다.

100명을 그리는 일이 쉽지는 않다. 그러나 어려운 만큼, 다 그리고 나면 무척이나 뿌듯해한다. 그 많은 사람을 다 자기가 탄생시킨 것 같고, 모두가 친구 같은 생각이 든다. 또 자기 그림 속에서 우리 동네 아줌마, 아저씨를 알아보는 친구들 덕에 더욱 즐겁다. 그리고 나니 그분들이 더 정겹고 반갑다.

"이제 보니 세탁소 아저씨가 키도 크고 멋진 분이야."

"문방구 옆에 있는 그 세탁소 아저씨?"

"응, 그 아저씨 노래자랑 대회도 나가셨어. 우리 동네 스타야."

"이분은 제가 자주 가는 소아과 의사 선생님이에요. 아파서 병원을 간 건데도 기분이 좋았어요. 이제 보니 우리 마을엔 좋은 사람들이 많아요."

"실제로 어부 아저씨를 본 적은 없지만 제가 좋아하는 생선을 잡아 주시는 고마운 어부 아저씨를 그렸어요."

"몸이 불편하신 분들을 동네에서 자주 볼 수는 없어요. 그래도 안 그릴 수가 없었어요."

보이지 않는 사람들까지 챙겨서 그린 아연이의 마음이 참 곱게 보였다.

# 100명을
# 먹여 살려라

이번에는 사람 100명이 다 먹으려면 얼마나 많은 음식이 있어야 할까 생각해 보는 시간이다. 100명은 생긴 것도 다르지만 먹는 것도 다 다르다. 100명의 아침 식사를 상상해 보자.

오늘 우리 집 아침 식사만 봐도 남편과 작은아이는 잡곡밥과 보글보글 된장찌개, 아침은 간편하게 먹는 것을 좋아하는 큰아이는 스파게티와 요구르트, 나는 차와 고구마 한 개를 먹었다. 누군가는 쌀밥과 채소 반찬을 골고루 먹겠고, 또 누군가는 빵과 고기를 먹겠지. 국수와 채소, 혹은 차와 비스킷으로 간단히 먹는 이도 있겠다. 물론 굶는 사람들도 있겠고.

아이들이 그린 100명 모두가 먹을 것을 키우고 가꾸는 생산자는 아닐 것이다. 혹 농부라 하더라도 물고기나 공산품은 다른 사람에게 의지해야 한다.

직접 먹거리를 키우거나 구해서 세끼를 해결하는 프로그램을 본 적이 있다. 물고기를 먹기 위해선 바다에 몇 번이나 가서 투망을 들여다봐야 했다. 물고기를 못 잡으면 바위에 붙은 따개비를 따다 국을 끓여 먹었다. 닭이 알을 낳기가 무섭게 닭 부리에 손을 쪼여 가며 훔쳐다 먹고, 텃밭 채소도 한 잎, 한 토막이라도 아껴 먹더라.

뉴욕에서 농사짓고 살았던 어느 다큐멘터리 작가의 이야기를 담은 책을 읽은 적이 있다. 자급자족의 큰 꿈을 안고 출발했던 이 부부는 끝없는 노동으로 생활이 극도로 힘들어졌고, 부부 싸움까지 잦아지게 되었으며, 결국 농사도 망했다. 그만큼 자급자족이 어려운 일이라는 증거다.

봄에 씨를 뿌려 가을에 벼를 거두기까지 농부는 여든여덟 번 허리를 굽힌다는 말이 있다. 쌀 한 톨 얻으려면 모를 키우고, 심고, 피를 뽑고, 물도 조절하면서 하늘과 함께 지어야 하는 것이 농사 아닌가.

각 지역의 생산자들이 최선을 다해 일해 준 덕분에 우리 같은 사람은 돈만 내고 먹을거리를 사 먹을 수 있다. 그리고 다른 재화를 생산하는 데 노력과 시간을 쏟을 수 있다.

그러면 우리의 삶은 그만큼 더 윤택해진 것일까? 과학의 발달로 농업기술이 눈부시게 성장하고 생산되는 식량의 양은 상상할 수 없을 만큼 늘었지만, 여전히 각 지역 생산자들은 많은 일을 하고 여전히 세상엔 배고픈 사람들이 많다.

이렇게 먹을 건 많은데, 굶는 사람들이 생겨나는 것은 생산과 분배의 균형이 맞지 않아서다. 한쪽에선 남아돌고 한쪽에선 굶주림으로 죽어 간다. 서로 나눠 먹으면 될 것 같은데 그러면 가격이 무너져서 안 된다고 한다. 으이그, 또 돈이다.

**준비물** 4절 도화지나 전지(여럿이 그릴 때), 각종 전단지와 잡지, 사진, 색연필,

사인펜, 연필, 지우개. 가위, 풀 등.

＊ 먹거리를 생산하는 사람들을 그려 보자.
논농사나 밭농사 짓는 모습, 과수원, 비닐하우스, 어촌, 산촌 등 각 지역의 특색을 살려 그린다. 아이가 특히 좋아하는 먹거리가 있다면 그것 위주로 자세히 알아보면 더 관심을 가지게 된다.

＊ 먹거리가 생산되는 곳이 우리 삶터와 그리 멀리 있지 않다는 것도 꼭 알려 주자.
그래야 더 친근하게 느낀다.

＊ 수확물 사진으로 콜라주를 해도 재미있다. 마트 전단지나 잡지에 있는 농산물 사진을 오려 두었다 감나무에 감도 달고, 배에서 물고기를 잡는 데 붙이면 시간 가는 줄 모를 것이다.

먹거리를 키우고 구하는 방법에 대한 이야기를 나눠 보자. 각 지역 생산자들은 어떻게 일하는지, 어부들이 물고기를 잡기 위해서 그물 손질은 언제 하는지, 지역별로 잘 잡히는 물고기의 종류는 뭔지 공부해 보는 것도 좋다.

예를 들어, 동해에서 많이 잡히는 오징어는 7월부터 9월까지 더운 시기가 제철이다. 11월 이후는 파도가 높아 어획량이 준다. 밝은 빛에 모여드는 습성을 이용해 잡기 때문에 오징어잡이 배들은 집어등을 환하게 내걸고 있다. 밝은 빛에 모여들었다가 두 팔로 형광 미끼를 껴안는 순간 낚시에 꿰어 잡힌다. 이런 것을 알고 그림을 그리면, 또는 그 풍경을 실제로 본 친구라면 그림 속에 밤바다 풍경과 집어등이 달린 배가 나올 수밖에 없다.

농부를 그릴 때도 마찬가지다. 밭의 고랑과 이랑이 뭔지 아는 아이가 그린 그림에서는 고구마줄기가 더 싱싱해 보일 것이다.

아는 만큼 그리고, 그린 만큼 생각하게 된다. 또 그 생각은 우리 삶의 태도를 바꾼다. 자연에 대해 겸손하고 먹거리에 대해 감사하는 마음을 가지게 한다.

사람이 잡아먹으려고 키우는 소는 배고플 일이 없다. 그런데 정작 사람 중에는 굶는 이들이 많다. 모순이다. 전 세계에 식량이 넘쳐나는데 5초마다 어린이가 한 명씩 죽어가는 불합리한 현실을 이야기한 책《왜 세계의 절반은 굶주리는가?》얘기를 해 주면 아이들은 주먹을 불끈 쥔다.

"이건 정말 너무해! 너무해! 너무해요."

"도울 방법은 없어요?"

"밥투정한 게 너무 부끄러워요."

"농부들은 돈도 못 벌고 몸만 힘든데 뭐하러 농사를 계속 짓는 거예요?"

그러니깐 농부지. 농부는 하늘이 내려준 사람이란다.

먹는 것에 감사하고, 타인의 배고픔을 이해하고, 어떻게든 도울 방법을 찾는 것이 사람이 해야 할 도리다. 세상 사람들이 다 나와 연결되어 있음을 알고 나면 그게 좀 더 당연하게 느껴진다.

# 100명이
# 사는 집

사람이 살아가는 데 집은 무척 중요하다. 여러분은 어디에 살고 싶으신가? 지금 사는 곳을 선택한 데는 여러 가지 이유가 있었을 것이다. 사람들은 일터 나오기 편한 곳, 아이 학교 다니기 편한 곳, 병원이나 관공서, 시장 같은 곳들이 가까운 곳으로 이사를 한다.

그렇다면 최초의 인간은 살 곳을 어떻게 정했을까? 동물들에게 공격 받지 않는 안전한 곳, 체온을 유지할 수 있는 막힌 공간, 그리고 먹거리를 구하기 쉬운 땅을 찾아 옮겨 다녔을 것이다. 다니기에 편하고, 맑은 물이 흐르고, 열매를 따 먹거나 동물을 사냥하기 좋도록 산이 가까운 곳으로 옹기종기 모여들었을 것이다. 그렇게 마을과 국가가 생겨났겠지.

자연환경이 풍요로운 곳만이 아니라 좋은 사람들이 모여 사는 곳 또한 살기 좋은 곳일 것이다. 조선 후기의 실학자 이중환은 30여 년간 방랑하며 우리 땅을 두루 돌아보고 우리 산천과 사람들까지 담아낸 인문 지리서 《택리지》를 썼다. 이 책에서 이중환은 사람이 살 만한 곳은 모름지기 이래야 한다며 조건 네 가지를 이야기했다.

무릇 살 터를 잡는 데는 첫째, 지리가 좋아야 하고, 다음 생리가 좋아야 하며, 다음으로 인심이 좋아야 하고, 또 다음은 아름다운 산과 물이 있어야 한다. 이 네 가지에서 하나라도 모자라면 살기 좋은 땅이 아니다.

그런데 지리는 비록 좋아도 생리가 모자라면 오래 살 수가 없고, 생리는 좋더라도 지리가 나쁘면 이 또한 오래 살 곳이 못 된다. 지리와 생리가 함께 좋으나 인심이 나쁘면 반드시

후회할 일이 있게 되고, 가까운 곳에 소풍할 만한 산수가 없으면 정서를 화창하게 하지 못한다.

《택리지》, 이중환 글, 이익성 옮김, 을유문화사, 2002

여기서 지리는 풍수지리를, 생리는 땅이 비옥하고 교통이 발달하여 경제활동을 하기 좋은 정도를, 산수는 경치를 뜻한다. 지리, 생리, 산수가 자연의 요건이라면, 인심은 인간만이 만들 수 있는 가장 중요한 조건이다. 아무리 생리가 좋고 환경이 좋다 하더라도 사람들의 마음 씀씀이가 각박하다면 그곳에선 살기 어렵다. 공동체는 사람이 중심이 되어 만들어 가는 것이니까.

100명의 사람들이 행복하게 함께 사는 마을을 상상해 본다. 옹기종기 모여 집들끼리도 사이좋게 어깨를 걸치고 있는 마을이면 얼마나 다정해 보이겠는가. 목을 축일 수 있는 시원한 샘물도 있고, 친구네까지 걸어갈 안전한 인도도 잘 만들어져 있고, 할머니 할아버지가 산책하기 좋은 공원도 있고, 어린이들이 놀 안전한 놀이터도 있어야겠다. 도서관이나 학교, 병원, 경찰서, 소방서, 부모님의 일터인 가게, 회사와 먹거리를 키울 텃밭도 있어야 한다. 자전거가 신나게 지나가고, 골목길에서는 아이들이 노는 소리가 들리는 곳이면 좋겠다.

자! 이제 이 근사한 마을에 지을 나의 집을 상상해 보자. 넓고 멋진 공간이 아니어도 내 영혼이 꿈꾸고 쉴 수 있는 곳이 따듯한 공간 아니겠는가. 복작거려도 가족과 함께라면 더할 나위가 없겠지.

**준비물** 전지, 색연필, 사인펜, 가위, 풀, 색지, 잡지 등.

* 100명이 살 집을 그린다. 여럿이 함께 그리면 더 재미있다. 또 혼자 하더라도 며칠에 걸쳐 조금씩 나누어 하면 힘들지 않다. 완성이 된 다음 뿌듯함도 크다.

* 잡지에 나오는 멋진 건물 사진들을 오려 붙여도 재미있다. 우리 마을 건물들의 사진을 이어 붙여도 좋다. 사진을 오려 붙인 다음 그림을 덧붙여 그리면 더 재미나고 멋진 그림이 된다.

* 재미난 상상의 건물을 그려도 좋다. 자료를 보고 공부를 했어도 아이가 그리고 싶은 집을 그리는 것이 가장 바람직하다. 또 지역에 따라 다른 집들의 모습을 백과사전이나 건축물 자료를 함께 보며 이야기를 나누는 것도 다양성을 이해하는 데 도움이 된다.

같이
얘기해 보아요

사람들은 어떤 집에서 살고 싶어 할까? 아이들이라면 나무 위의 집을 원할수도 있겠고, 추운 지역 사람들은 따뜻한 집이 일 순위이겠다. 더운 지역의사람들은 시원한 집을, 비가 많이 오는 지역 사람들은 물에 잠기지 않는 집이 가장 중요하겠지. 또 할머니는 계단 많은 집이 싫으실 거고, 아프리카에사는 친구는 물이 콸콸 쏟아지는 집에서 살고 싶을 것이다. 사람에 따라 바라는 집의 모양도 다 다를 수밖에 없다는 것을 충분히 이야기하자.

열악한 조건의 주거 환경에서 살아가고 있는 사람들에게 집을 지어 주는 운동을 벌이는 '해비타트'라는 국제단체가 있다. "간단하고, 제대로 된, 감당할수 있는 집"을 지어 주자는 목적으로 전 세계에서 활동하고 있다. 100명의사람들이 사는 집을 그리면서 이 단체의 기본 이념을 함께 이야기해 봐도 의미 있을 것이다.

"저는 꼭 나무 위에 집을 지을 거예요. 나무 위에서 책도 읽고, 잠도 자고, 또먹고요. 제가 할아버지가 되더라도 꼭 할 거예요!"
"저는 한 집에 여럿이 살고 싶어요. 동생도 언니도 없어 맨날 심심하거든요.제가 그린 집들에서는 많은 사람들이 사이좋게 모여 살 거예요. 1층은 식당,2층은 다들 모여 노는 곳, 3층이랑 4층은 각자 공간, 5층은 예술가를 위한 공간이에요. 선생님도 우리 집으로 이사 오세요!"

나는 바닷가 외딴 곳의 아주 낡은 집을 얻어 깨끗이 닦고 쓸고 정갈하게 만들고 싶다. 대단한 집은 필요하지 않다. 그저 내가 한 기운이 되어 그 집을 살리고 내가 그 집을 나오고 나면 그 집은 자연으로 돌아가 흔적 없어지는 집을 얻고 싶다. 집이 사람을 억누르면 안 되고, 옷이 사람보다 도드라지면 안되고, 음식이 사람보다 넘치면 안 된다. 우리 집에 놀러 오면 당신과 내가 최고가 된다.

# 공정한 게
# 좋아

2015년 여름에 라오스로 가족 여행을 다녀왔다. 가족이 함께 가는 해외여행은 처음이라 가슴에 남는 여행을 만들고 싶어 믿을 만한 여행사를 정하는 게 가장 중요했다. 그래서 괜찮은 공정 여행 상품을 많이 안내하고 있는 여행사를 정하는 것 말고는 아무것도 고민하지 않았다. 라오스로 가자고 했더니 아이들은 대뜸 그런다.

"이 더운 여름에 더운 나라 가자고?"

"우리처럼 자유로운 영혼들에게 패키지여행이 웬 말?"

의심과 불만으로 시작된 여행이었지만 결과는 대만족이었다. 우리 가족이 그동안 갔던 어떤 여행보다 의미 있고 즐거운 여행이었다.

'공정 여행'은 생산자에게 최대한 많은 이익이 돌아가게 하자는 취지의 '공정 무역'과 같은 뜻에서 태어났다. 최대한 현지인에게 수익이 많이 돌아가게 하는 여행이다. 현지인이 운영하는 숙소에서 자고, 현지에서 만든 음식을 먹고, 지역사회에 도움이 되는 소비를 하며, 현지 원주민에게 지역 문화를 소개받는다. 여행자와 여행지 국민이 서로 평등한 관계를 맺는 것이다. 참으로 기분 좋은 윤리적 소비의 방식이다! 그렇게 즐겁게 다녀온 라오스 여행에서 특히 인상적이었던 세 곳 이야기를 할까 한다.

가장 먼저 〈카이파엔〉 레스토랑 이야기를 해야겠다. 탈학교 청소년들이 직업 훈련을 하는 소셜 레스토랑인데, 1층은 식당, 2층은 작은 학교다. 자립을 원하는 라오스 산간 지역 출신의 청소년들을 교육시키는 곳이다. 'student'라는 글자가 새겨진 옷을 입은 청소년들이 직접 음식을 나르고 요리를 했다. 요리도 일품이었다.

비엔티안에 있는 〈COPE 센터〉도 인상적이었다. 〈COPE 센터〉는 전쟁의 참혹함을 알리기 위해 세워진 곳이다. 라오스는 전쟁이 잦았던 곳으로, 베트남전쟁 때 미국이 라오스 땅에 쏟아부은 폭탄이 2백만 톤이란다. 보급로를 차단한다는 명분으로 그리 했다. 그중 일부는 지금도 땅속에 그대로 박혀 있다. 불발탄도 있지만, 어쩌다 잘못 건드리면 터지기도 한다. 목숨을 잃거나 다리가 잘리는 끔찍한 사고가 끊이지 않고 있다. 방문자들은 전시물들을 관람, 체험하고 폭탄이 터져 다친 사람들의 의족을 사는 데 보탬이 되는 후원을 하거나 기념품을 구입해 센터를 지원할 수 있다.

〈곰에게 자유를Free The Bears〉이란 단체도 인상적이었다. 아름다운 쾅시폭포 아래 있는 이 단체는 아시아 곰을 구출하고 보호한다. 환경오염으로 인한 서식지 파괴, 불법 포획으로 고통받는 말레이곰을 보호하는 것이 이 단체의 목표다. 웅담 채취용으로 사육되었거나, 곰발바닥 술을 담그기 위해 앞다리가 잘린 곰들이 구조되어 자유롭게 살고 있었다. 최대한 자연에 가깝게 만들어 놓아 곰들도 편해 보였다. 곰의 먹이를 준비하는 일을 돕는 데 지불하는 참가비와 기념품 판매 수익은 곰 보호 기금으로 기부된다.

물론 가장 인상적이었던 것은 여행지에서 만난 라오스 사람들이다. 최선을 다하는 현지 가이드, 상인, 시장과 거리의 사람들, 아침 산책길에 만난 소녀⋯⋯. 특히 잠깐 이야기를 나눈 그 라오스 소녀가 건네준 꽃 한 송이와 순수한 웃음은 아직도 눈에 선하다. 이른 아침 낮선 골목을 걷고 있는데 어떤 소녀가 말을 걸어 왔다. 자기는 학교 가는 길인데, 어디서 왔냐며. 낮선 이를 피하지 않고 먼저 다가와 말동무가 되어 준 소녀의 마음이 참 예뻐 보였다.

여행에서 돌아온 후 우리 가족 모두 이번 여행에 깊이 감사했다. 공정하다는 것은 나에게도, 또 타인에게도 기분 좋은 일이다.

**준비물** 8절 도화지, 색지, 색연필, 사인펜, 가위, 풀 등.

\* 공정 무역 상품의 포장지를 디자인하거나, 공정 무역이나 공정 여행을 알리는 포스터를 그려 보자.

\* 어린이 디자인 교육의 목표는 주어진 문제를 직접 생각하고 탐색할 수 있는 체계적인 문제 해결 과정을 경험하는 데 있다. 문제를 이해하고, 해결하고, 평가하는 여러 과정 자체가 디자인인 것이다. 어른들의 디자인 교육처럼 결과물이 중요하지 않다는 뜻이다.

\* 공정 무역 상품을 디자인하기 위해서는 공정 무역이 무엇인지, 어떤 것을 알리고, 어떤 것이 도움이 될지 스스로 자료를 수집하고 아이디어를 짜내고 적절한 표현법을 찾는 과정이 즐거울 수 있게 도와야 한다.

같이
얘기해 보아요

공정 여행, 공정 무역에 대해 아이들과 이야기를 나누자. 생산자와 소비자의 상호 존중을 바탕으로 공정한 가격을 지불하고, 생산자에게 유리한 조건으로 교역을 하는 것이 '공정 무역'이다. 수공예품, 커피, 코코아, 차, 바나나, 꿀, 와인, 과일 같은 공정 무역 상품을 찾아보자. 공정 무역을 담은 책이나 동영상, 애니메이션이나 자료 등을 함께 보는 것도 좋다.

공정 무역 제품을 사면 좋은 점이 많다. 첫째, 생산자들에게 공정한 가격과 건강한 작업 환경을 제공한다. 둘째, 환경의 지속 가능성을 보장해 주고 셋째, 어린이들을 보호한다. 넷째, 가난한 노동자들에게 힘을 부여하며 다섯째, 안전하다. 여섯째, 지역 사회를 지원하고 일곱째, 믿을 수 있는 무역이며 여덟째, 다른 문화와 만날 수 있다. 아홉째, 지역 경제를 지속 가능하게 하며 열째, 공정 무역을 통해 소비 행동은 큰 의미를 갖게 된다.

아이들에게 공정 무역, 공정 여행이 필요한 이유를 이야기했더니, 이런 반응이 나왔다.
"아니, 이게 말이 돼요? 그렇게 힘겹게 커피콩을 따는데 실제로 그 사람들한테 돌아가는 돈이 그렇게 적다니. 이건 빼앗는 거죠. 이건 또 다른 식민지고 노예 제도예요."
아, 이제 아이들은 화나는 일에 제대로 화낼 줄 안다. 기특하다!

몇 해 전 포장지에 '초코렛'이라는 세 글자 외엔 아무것도 없는 초콜릿이 팔린 적이 있다. 광고 문구는 "많이 먹으면 살찐다. 먹고 운동해라."였다.
이 광고는 〈이제석광고연구소〉에서 진행한 것이었는데, 〈아름다운 가게〉에서 파는 공정 무역 초콜릿 광고였다. 저개발국 농민들에게 제값을 지불하는 '정직한 거래', 화학비료나 농약을 사용하지 않은 천연 카카오의 '정직한 맛'을 드러내는 데 꼭 알맞은 광고가 아니었나 싶다. 현명한 소비자는 과대광고나 과대 포장 상품의 유혹에 빠지지 않는 법이다.

# 내가 만든 에너지로
# 나를 움직이게 해 주는 자전거

 우리 삼남매가 처음 가진 자전거는 노란색 삼천리 자전거였다. 자전거 이름 그대로, 삼천리 방방곡곡 다 누빌 기세였지. 막내는 자전거 꽁지를 잡아 주는 아빠 엄마에게 자전거 타는 법을 익혔고, 여동생은 원래 용감한 아이라 혼자 자전거를 끌고 나가더니 해 질 녘 팔꿈치랑 무르팍이 다 깨진 상처투성이로 돌아왔다. 그러더니 웃으며 자전거를 멋지게 주차했지.

나는? 기억이 없다. 부모님이 잡아 주는 건 자존심 상해 싫었다. 그러면서 또 겁은 많아서 발로 한 번씩 땅을 굴러가며 겨우 탔다. 그러다 뒷바퀴 쪽 톱니에 발꿈치를 한 번 쓸리고는 "역시! 나랑 자전거는 안 맞아." 해 버렸다. 그게 끝이었다. 세워 놓은 자전거를 한 번씩 툭 치고 지나가는 게 다였다. 그리고 어른이 다 된 뒤에 자전거를 다시 만났다. 에너지를 많이 쓰지 말아야지, 혼자 굳게 결심한 덕분이었다.

에너지 중에서도 전기에너지를 적게 쓰기 위해서 가장 먼저 한 일은 "냉장고 헐렁하게 만들기"였다. 김치냉장고는 모든 주부들의 로망이다. 김장철에 김치를 한꺼번에 담아 넣어 두면 일 년 내내 아삭아삭 맛있는 김치를 먹을 수가 있다. 집집마다 하나씩 있는 것은 물론이고 심지어 두 개 갖고도 부족하다는 이들이 있다.

나는 결혼할 때 산 냉장고를 지금껏(헉! 벌써 결혼 19년차라니! 숫자를 세지 않고 살았기에 가능했던 일) 쓰고 있다. 처음엔 냉장고에 든 음식을 다 먹지 못해 버리고, 상해 버리고, 잊어버려 못 먹고 버린 일이 부지기수였다.

그러다 필요한 만큼만 그때그때 사다 해 먹는 것이 가장 낫겠다는 결론을 내렸다. 그래서 동네 슈퍼를 우리 집 냉장고라 생각하기로 했다. 슈퍼 주인 부부는 날마다 새벽 시장에서 신선한 야채와 과일을 사 오니, 우리 집에 따로 쟁여 놓을 필요가 없었다. 감자도 많이 사 두면 어느 순간 싹이 난다. 카레를 해야 하는데 감자가 없다고? 후다닥 뛰어 내려가 몇 알 집어 오면 된다. 처음엔 하루에도 두세 번씩 달려가야 했는데 나중에는 요령이 생겨 일주일에 두세 번만 가도 되었다. 원래 안 파는 것도 특별 주문을 받아 주었다. 또 내가 하도 들랑날랑하니 덤도 주고, 떨이도 주고, 우리 집에서 잘 먹는 걸 따로 챙겨 주기도 했다.

에너지 절약 두 번째 실천이 바로 자전거 타기였다. 한 시간 이내 거리라면 자전거를 타자고 결심했다. 지하철로 20분 정도 걸리는 거리가 자전거로 딱 한 시간 정도 걸렸다. 평소보다 30분 정도만 일찍 나서면 되는 일이었다. 남편은 자전거를 타고 도로를 다니면 얼마나 위험한지 모르냐고 걱정을 했다.

겁 많은 내가 마구 내달리는 차들 곁을 어떻게 달릴 수 있었을까? 무서워서 씽씽 달리지도 못하고 꾸물꾸물, 땀에 흠뻑 젖어 찜찜했지만 느릿느릿, 종아리가 터질 것처럼 아팠지만 그래도 꾸준히 자전거를 탔던 건, 나 스스로, 내 몸이 만든 에너지로 움직이고 있다는 자긍심 때문이었다.

내가 아는 교통수단 가운데 화석연료를 쓰지 않고 움직일 수 있는 교통수단은 자전거뿐이다. 자동차, 비행기, 기차, 오토바이, 배…, 모두 화석연료로 움직인다.

딱 '자전거로 갈 수 있는 거리까지만'을 행동반경으로 삼고, 자급자족하는 삶은 얼마나 건강할까! 하는 데까지 생각이 뻗어 나갔다. 비행기로, 배로 멀리서 실어 오는 것이 아니라 내가 사는 근처에서 먹거리를 구할 수 있으려면 환경도 그만큼 좋아져야 한다. 내가 자전거로 실어 올 수 있는 만큼만 먹는다면 낭비나 비만은 걱정할 필요가 없다. 가까이 사는 사람과 교류할 수 있게 되니 신뢰와 정이 쌓이는 것은 물론이다.

나와 같은 꿈을 꾸는 사람들이 많아지면 나는 또 남편에게 지청구 들어가며 멋진 자전거를 한 대 살 텐데…….

**준비물** 8절 도화지 여러 장, 사인펜, 색연필, 수채화 도구, 가위, 풀 등.

＊자전거를 탐구해 보는 시간이다. 아이들과 함께 직접 자전거를 관찰한다. 핸들을 돌리면 어디가 움직이고, 브레이크를 잡으면 무엇이 조여지는지, 바퀴와 톱니, 체인은 어떤 모양이고, 어떻게 연결되어 있으며 또 어떤 역할을 하는지 자세히 보자.

＊도화지에 핸들, 의자, 체인, 톱니, 몸체, 바퀴 등 자전거 부속들을 각각 자세하게 그린다.

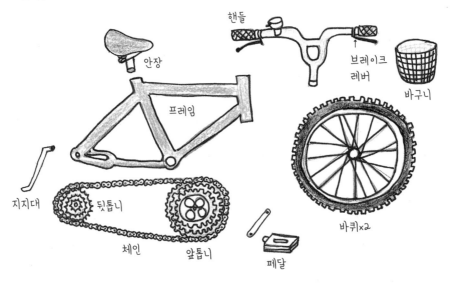

＊색칠을 한 뒤 가위로 오리고 퍼즐을 맞추듯 조립해 본다. 그런 다음 큰 종이에 갖다 붙이면 자전거 한 대 완성!

같이
얘기해 보아요

자전거를 탈 때 지켜야 할 안전 수칙을 아이들은 얼마나 알고 있을까. 자전거를 만들면서 함께 이야기해 보자.

— 헬멧이나 보호 장비는 필수.
— 도로에서는 우측 가장자리를 이용하고, 횡단보도에서는 자전거에서 내려 끌고 건너야 한다. 또 사거리 같은 곳에서 좌회전을 할 때는 직진 후 길 건너에 잠깐 멈췄다가 다시 좌회전을 해야 안전하다.

간단한 수리 방법을 배워도 좋고, 자전거 역사에 관한 책을 함께 보는 것도 좋겠다. 일제강점기에 자전거가 우리나라에 처음 들어왔을 때는 "동에 번쩍, 서에 번쩍" 한다고 신기해했다. 1913년 자전거 경주에서 우승을 한 엄복동 선수의 자전거 실력은 일제강점기 사람들의 울분을 달래 주기도 했단다.

아이들은 실물 사이즈와 비슷한 자기 자전거 그림을 벽에 붙여 놓고 좋아라 웃는다. 실제 자전거를 만든 것처럼 조립을 했기 때문이다. 아이들이 조금 더 크면 폐자전거로 나만의 자전거를 조립할 수도 있다. 그림을 그리려고 자전거를 관찰한 시간이기는 했지만 자전거에 대해 더 많이 알고 좋아하는 시간이 되었다.

아이와 함께 자전거를 타고 나가 보자. 자전거는 숲속 오솔길도 갈 수 있고, 할아버지도 유치원생도 탈 수 있다. 물건을 배달할 수도 있고, 운동이나 놀이로도 그만이다. 시끄럽지도 않고 공기도 오염시키지 않는다. 이렇게 멋진 자전거를 어떻게 사랑하지 않을 수 있단 말인가!

# 전통 시장,
# 참 좋다

**나는 시장통 아이였다.** 집이 시장 골목에 있었던 건 아니고, 부모님이 시장에서 옷 가게를 하셨다. 학교 끝나고 집에 갈 때면 늘 시장에 계시는 부모님께 들렀으니, 학교 가는 날만큼 시장에 간 셈이다.

"우리 손주가 이번에 입학을 하는디 이 할미가 잠바 하나 사 줘야지. 내가 깨 판 돈 가지고 왔어. 갸가 내 막내딸 아들이여. 얼매나 힘들게 얻었는디, 그 귀한 놈 학교 갈 때 이 할미가 옷 한 벌 사 줘야지. 그러니 좀 깎아 줘."

"아이고, 할머니. 정말 대견하시겠어요. 막내딸도 애쓰셨네요. 그럼, 딸한테 뭘 사 줘야 하는 거 아니에요? 아무튼 저도 기분 좋으니까 좀 깎아 드릴게, 할머니도 좀 더 쓰세요."

흥정엔 꼭 값만 오고 가는 것이 아니다. 자랑도 하고 서로 박수도 쳐 준다. 그리고 물건을 산 이도, 물건을 판 이도 모두 주머니 가득 흐뭇하다.

우리 옆 가게는 싸움쟁이 아줌마의 가방 가게, 우리 가게 앞엔 내 머리에 주렁주렁 핀과 방울, 머리띠까지 해 주고 거울을 보여 주던 리어카 삼촌의 액세서리 수레, 그다음엔 친하지도 않은 형수를 못 봤냐고 맨날 묻는 길 건너 형수네 엄마의 참기름 가게다.

아래쪽으로 좀 더 내려가면 먹거리를 파는 곳이다. 이곳은 정말 휘황찬란하다. 빵집, 만두집, 국숫집, 전집, 야채 가게, 과일 가게, 고깃집, 생선 좌판들을 지나면 어묵 가게가 나온다. 어묵 반죽이 늘 산만큼 쌓여 있었는데 저녁 무렵이면 그 많은 게 다 팔리고 없었다. 작은 생선이 기계 속으로 마구 들어가면 하얀 가루랑 야채랑 반죽이 되어 나오고, 커다란 앞치마를 한 아줌마 아저씨들이 그 반죽을 판에다 떠서 펄펄 끓는 기름에 조금씩 넣으면 어묵이 두둥실 떠오른다.

어묵이 냄새를 솔솔 풍기기 시작하면 시장에 난리가 난다. 사람들은 갓 튀긴 어묵을 사 겠다고 몰려들고 주변 옷 가게 아줌마, 아저씨는 기름 냄새 옷에 밴다고 눈 흘기기 바빴다. 그러면서도 어묵은 꼭 사 먹었다. 특히 명절이 다가오거나 휴일이 되면 시장엔 사람들로 북적북적 넘쳐났다.

시장은 열심히 정직하게 살려고 애쓰는 사람들, 가족을 위해 힘든 일 마다하지 않는 사 람들이 모이는 곳이다. 사람과 사람이 만나는 곳, 하루하루를 열심히 사는 곳, 정도를 넘지 않는 곳, 더 나은 날을 만드는 곳이다. 그래서 나는 시장이 참 좋다.

나에게 생활이었던 그곳을 요즘 아이들은 '체험 학습' 하러 간다. 이 엄청난 격세지감이 라니! 심지어 지하철 타는 걸 '체험 학습'이라며 인증 사진을 올리는 엄마들도 있더라. 뭐 어쨌든 세상은 변했고, 동네마다 대형 마트가 들어서고, 인터넷으로 주문하고 집에서 물건 을 받는 편리한 세상이 되었다. 더 질 좋고 합리적인 가격의 물건만 오고 간다.

가끔 그런 생각을 한다. 물건 파는 사람은 보이지 않고 온갖 선전 문구들이 호객 행위를 하는 걸 보면 사람이 아닌 글자들이 물건을 파는 것 같다고. 대형 매장에서, 또는 컴퓨터 속 에서 무표정하게 글자들이 인도하는 대로 물건을 사고 있는 나를 본다. 시장통에서 자란 나조차 마트를 가고 온라인 구매를 하니 우리 시장들은 어찌 되었겠는가. 우리 동네 서점 은, 동네 빵집은 다 어디로 갔을까. 친구를 만나 웃고 떠들던 그런 곳이 사라졌는데, 우리 아이들은 이제 동네 어디서 친구랑 만날까.

**준비물** 펜과 작은 스케치북.

* 아이들과 시장에 가서 물건도 사고 구경도 하자. 그런 뒤에 알맞은 곳에 자리를 잡고 장사에 방해되지 않는 범위에서 물건들 사진도 찍고, 그림도 그린다.

* 사람을 배우러 나선 길에서 다른 사람을 불편하게 하면 안 된다. 떠들거나 통행에 불편을 주지 않도록 신경 쓰자.

* 가까이에서 인물이나 판매하는 물건을 그릴 때는 꼭 허락을 구하자. 우리에겐 이벤트지만 상인들에겐 삶의 터전이다. 묻기 쑥스럽다면 멀리서 그리면 된다. 현장에서 그리기 어려울 땐 사진기로 찍어 와 보고 그려도 된다.

같이
얘기해 보아요

아이들과 시장이나 역, 상가 앞에서 그림을 그리는 일은 퍽 즐겁다. 실내에서 잘 갖추어진 정물화를 그리는 것도 좋고 경치 좋은 풍경화를 그리는 것도 좋지만, 더 뜨겁게 살아 있는 생생한 삶의 현장을 보고 이해할 수 있기 때문이다. 공부는 머리로 하는 것이 아니라 가슴과 몸으로 하는 것이니까.

'과일 가게가 가장 바쁠 땐 언제일까?', '생선 가게 아저씨가 제일 좋아하는 생선은 뭘까?', '만두 가게 아저씨는 언제 행복할까?' 이런 생각을 하며 그림을 그린 아이는 커서도 이 세상이 자신만을 위해 존재한다고 여기지는 않을 것이라 믿는다.

수많은 사람들이 오가는 역에서도 그림을 그려 볼 때가 있다. 대합실에서 기다리는 사람, 급하게 표를 끊어 플랫폼으로 달려가는 사람, 무슨 사연인지 손수건으로 연신 눈물을 닦는 아저씨, 다정하게 팔짱 낀 연인, 껌을 딱딱 소리 내며 씹는 무서운 아줌마, 짐 꾸러미를 든 노인, 역 안을 청소하는 사람, 역무원, 노숙자……. 그릴 것이 무궁무진하다.

아이들도 처음엔 쭈뼛쭈뼛한다. 그림 그리는 것이 부끄러워서 숨어서 그리는 아이들도 많다. 그러나 시간이 지나면 아예 포기하고 역 바닥에 주저앉아 그리게 된다. 그러면 사람들이 다가와 아이들 그림을 보며 말을 건넨다. 아이들은 또 수줍게 웃으며 대답을 한다. 그림을 통해 사람을 만나고 세상을 보는 것이다. 그러면서 비로소 아이들도 풍경이 된다.

# 세상에 없는 나라,
# 어린이 나라

 세계 곳곳에는 유토피아를 꿈꾸는 공동체들이 많이 있다. 그렇게 대단한 미래를 꿈꾸는 게 아닌데도 지금의 사회 구조에 대항하거나 새로운 생각과 행동을 담으려다 보니 그것이 유토피아가 된 것이다. 더 나은 세상을 향해 말도 안 되는 것을 실천하고 서로 불완전한 사람들끼리 껴안고 사는 곳들이다.

그런 공동체 중에 어린이들이 만든 나라 〈벤포스타〉도 있었다. 스페인에 있었는데, 공식적으로는 이미 사라졌다고도 한다. 그런데 스페인 밖에 여러 지부가 있다고 하니, 그 실험이 완전히 끝난 것은 아닌 모양이다. 〈벤포스타〉는 어린이들이 주인인 나라를 꿈꾸던 신부님이 만든 곳이다. 이 나라에 입국할 때는 〈벤포스타〉에서 인정하는 여권도 따로 만들어야 하고, 돈도 바꿔야 한다. 일반적인 달러는 쓰지 못한다. 최고 결정권자도 어린이, 책임 있는 모든 자리에 다 어린이가 역할을 맡고 있다. 의식주를 스스로 책임지면서 서커스 공연을 하기도 하는 이 나라 어린이들의 자립심은 정말로 놀라웠다.

스페인에는 또 〈파이데이아〉라는 무정부주의 학교가 있다. 이곳도 〈벤포스타〉처럼 만 18세가 되기 전까지만 같이 살면서 생활하는 학습 공동체다. 〈파이데이아〉가 〈서머힐〉이나 〈벤포스타〉 같은 어린이 자율 공동체와 다른 점은 명확히 정의된 평등, 정의, 연대, 자유, 비폭력, 문화, 그리고 이것들이 이루는 최종 목표인 행복이란 가치를 기반으로 학생과 교육자의 권리가 동등하게 주어진다는 사실이다.

〈서머힐〉처럼 아이들은 자유롭게 놀아야 한다는 자유방임으로 어른들은 수동적인 역할

밖에 할 수 없는 곳도 아니고, 실바 신부와 몇몇 어른 말고는 아무도 아이들의 생활에 개입하지 않아 가치를 추구하는 일에는 한계가 있을 수밖에 없었던 〈벤포스타〉와도 다르다.

〈파이데이아〉에는 '만다도'란 게 있다. 번역하면 '지도 받음' 정도의 뜻이 되겠다. 〈파이데이아〉에선 학생 스스로가 뭔가 솔선수범하는 태도를 보이지 않고 권위 있는 어른들에게 의지하려고 하면 문제가 된다. "이거 해도 되나요?" 묻는 자유롭지 못한 태도는 지도를 받아야 할 대상이다. 어린아이들도 칼로 토마토를 자르며 식사 준비를 하고, 친구랑 싸우면 스스로 전체 회의를 소집하고 진행도 해낸다. 열세 살 정도 되면 다섯 살 동생을 돕기 위해 지켜보는 게 자연스럽고, 수업 시간에 공부할 분량도 스스로 정한다.

이렇게 〈파이데이아〉는 학생 중심으로 가치를 배우고 이뤄 나가는 학습 공동체다. 아이들에게 배움이란 자유 의지로 결정하고 경험을 쌓아 가는 것이다. 지금 우리 아이들처럼 자유를 짓누르는 것이 아니라! 공교육에선 상상하기가 어려운 이런 원칙들이 대안 교육에선 대부분 수용되었다.

우리 아이들을 보자. 입시라는 거대한 벽에 막혀 삶에 대한 태도나 철학을 스스로 키워 가는 일은 꿈도 꾸기 힘들어졌다. 타인을 공감하고 이해하는 능력은 바닥을 치고 있고, 가상현실 세계를 드나드는 스마트한 기기들은 아이들을 생각 없는 공부 기계로 만들고 있다.

한동안 제도를 바꿔야 한다고 강력하게 말하기도 하고 제도를 무시하기도 했다. 그런데 가만 생각해 보면 그 어떤 거창한 이야기들보다 우리 마음에서 나온 작은 대안들을 실천하는 것이 더 훌륭하다는 생각을 한다. 아이들의 삶에 넘치게 끼어드는 것은 해가 되지만 아이들 스스로 자기 문제를 해결할 기회를 주고 믿어 주는 정도는 내가 할 수 있는 작은 실천이 되지 않을까.

아이들이 어린이에 머무는 시절이 얼마나 되겠는가. 기껏해야 십 년 안팎이다. 이 시간만이라도 꿈꾸게 하고 자기 삶의 미래를 설계해 가게 내버려 두면 안 될까? 아이들이 주체가 되는 삶을 위해!

## 이렇게 진행해 보세요

**준비물** 4절도화지, 색연필, 사인펜, 연필, 지우개.

* 〈벤포스타〉, 〈서머힐〉, 〈파이데이아〉 같은 어린이 공동체 이야기를 들려주고, 스스로 만들고 싶은 어린이 나라는 어떤 곳일지 생각해 보자. 어린이 나라에서 중요하게 생각하는 가치나 규칙도 정해 보자.

* 어린이 나라 이름도 짓고, 지도도 그려 보자.

* 어떤 식물이 자랄지 자연환경도 설계해 보자. 학교, 공장, 건물, 시설과 교통을 비롯해 문화 같은 인문환경도 고려해야 한다. 건물도 재미난 모양으로 상상해 보자.

같이
얘기해 보아요

아이들은 다른 어떤 작업 때보다 어린이 나라 지도 그리기에 흥분한 모습을 보였다. 〈벤포스타〉나 〈파이데이아〉가 실제로 있는 것이냐 여러 번 확인하더니, 아이들이 일을 하고 엄마와 떨어져 살아도 괜찮은지도 묻는다.

안타까운 것은 우리 아이들은 작업 내내 "이렇게 해도 돼요?" "저렇게 해도 돼요?" 계속 묻는다는 사실이다. 눈 한 번 흘겨 준 뒤에야 더 묻지 못하고 주저주저 작업을 시작한다.

아이들이 그린 어린이 나라도 안타깝다. 지금 세상과 크게 다르지 않다. 경찰서, 교회, 마트, 피시방, 놀이공원으로 빼곡하다.

나는 꿈꾼다. 체육 시간엔 개울에서 물놀이, 밥도 손수 짓고, 반찬은 텃밭에서 좋아하는 채소를 가져오기만 하면 되고, 산과 들을 놀이터 삼아 뛰어다니는 그런 곳을. 따뜻한 곳에 모여 배 깔고 누워 이야기하고 그림 그리고……. 그것만으로도 충분하지 않을까? 건물 짓고, 발명에 발견까지 해야 하고, 싸움도 해야 하는 할 것 천지 어른 나라와는 달랐으면 좋겠다. 그냥 신나게 좀 노는 상상 좀 해 보자, 애들아!

# 어린이를
# 사랑해요

## 어른들에게 드리는 글

어린이를 내려다보지 마시고 치어다보아 주시오.

어린이를 가까이 하시어 자주 이야기하여 주시오.

어린이에게 경어를 쓰시되 늘 보드랍게 하여 주시오.

이발이나 목욕, 의복 같은 것을 때맞춰 하도록 하여 주시오.

잠자는 것과 운동하는 것을 충분히 하여 주시오.

산보와 원족 같은 것을 가끔 가끔 시켜 주시오.

어린이를 책망하실 때에는 쉽게 성만 내지 마시고 자세 자세히 타일러 주시오.

어린이들이 서로 모여 즐겁게 놀 만한 놀이터와 기관 같은 것을 지어 주시오.

대우주의 뇌신경의 말초는 늙은이에게 있지 아니하고 젊은이에게도 있지 아니하고

오직 어린이들에게만 있다는 것을 늘 생각하여 주시오.

 **누가 쓴 글일까?** 이렇게 어린이를 알뜰살뜰 챙기는 사람은 바로 어린이날을 만든 뚱보 아저씨 방정환 선생님이다. 일제강점기인 1923년 5월 1일 〈조선소년운동협회〉 주최로 첫 번째 '어린이날' 기념행사를 열면서 이 글을 사람들에게 나누어 주었다고 한다.

산보와 원족 같은 것을 '가끔 가끔' 시켜 주고, 어린이를 책망하실 때에는 쉽게 성만 내

지 마시고 '자세 자세히' 타일러 주라고 신신당부한 모습이 상상이 되어 빙그레 웃음이 난다. 90년도 더 전에 어린이를 하나의 인격체로 보고 사랑하고 존중하자고 당부한 마음이 놀랍기만 하다.

지금 우리 아이들은 학원과 공부로 잠자는 시간은 물론이요, 뛰어놀 시간도 부족하고, 원족은커녕 산보도 불가이고, 즐겁게 놀 놀이터도 없다. 어린이를 가까이하여 지시하고 확인하며, 대우주의 뇌신경의 말초는 애진장에 다 태워 버렸으니 아이들이 산만하고 마음에 병이 그득할 뿐이다. 2015년에 한국보건사회연구원에서 발표한 보고서를 보면, 우리나라 어린이들의 학업 스트레스가 세계 최고이고, 삶의 만족도는 세계 최하위, 학교생활 만족도는 조사한 30개국 가운데 26위란다.

또 2014년 전국 아동 보호 전문 시설을 통해 접수된 학대 유형 통계를 보면, 신체적 학대보다 정서적 학대나 방임이 더 자주, 더 많이 일어나고 있단다. 드러나지 않아 심각한 문제를 한눈에 알 수도 없는 정서적 학대가 정말 큰 문제다.

"너는 누구를 닮아 그러니?"

"공부를 그렇게 못하면 커서 뭐가 되겠니?"

"너 때문에 내가 못 살아"

"이런 바보 멍청아!"

어린이에게는 세상의 중심이 자기 자신이다. 그런데 비난받으며 자란 아이는 제대로 성장할 수 없다. 자존감이 낮아지고 살아가면서 맞닥뜨릴 수많은 문제 앞에서 쉽게 좌절하고만다. 잘되라고 시킨 많은 공부와 잘되라고 한 훈육이 아이의 팔다리를 분질러 버릴 수 있다.

부디 어른들이시여! 다시 한 번만 방정환 선생님의 부탁을 귀 기울여 들어주시길.

**준비물** 8절 도화지, 사인펜, 색연필, 포스터칼라 물감 등.

\* '유엔 아동 권리 협약' 전문이나 우리나라 '어린이 헌장'을 읽어 보자. 그리고 어린이 인권을 알리는 포스터를 그려 보자.

포스터는 자신이 알리고 싶은 것을 더 많은 사람들에게 전하기 위해 문자나 그림, 사진으로 그린 그림이다. 이야기하려는 내용이 잘 나타나게 간결하게 그리는 것이 좋다. 간단한 글도 적자.

\* 완성된 포스터를 어디에 붙일지도 이야기 나눠 보자.

실제로 포스터를 붙이고 사람들의 반응을 얻을 수 있다면 더욱 좋다.

같이
얘기해 보아요

아이들은 자신들이 귀하고 아름다운 존재인 걸 맘껏 뽐내는 장면을 포스터에 그렸다. 자신보다 더 안타까운 상황에 처한 어린이를 돕자는 내용의 기특한 그림을 그리기도 했다. 이 포스터를 어디다 붙여야 많은 사람들이 볼까, 난리법석 신나는 시간이 되었다.

"어린이의 인권을 보장하는 이렇게 멋진 협약이 있는데 왜 엄마나 선생님은 얘기 안 해 준 거예요?"

"이 어린이 헌장대로만 된다면 전 계속 어린이 할래요!"

"이거 외워서 엄마, 학교, 학원에 알려 줘야겠어요."

뭐, 부작용도 있었다. 포스터 수업을 마친 날, 소민이 엄마에게 전화가 왔다.

"선생님! 선생님이 애들한테 어린이 헌장 안 지키면 잡혀갈 수도 있다고 했다면서요? 우리 애가 자꾸 자기 못 놀게 하고 학원 많이 보내면 어린이 인권 침해로 신고해서 잡아 가게 할지도 모른대요. 어떡해요?"

"안 잡혀 가시려면 학원 안 보내시면 되지요! 아까 수업 때 어디로 신고하면 되는지 묻기에 두세 군데 가르쳐 줬어요. 하하."

어린이를 위하는 일이 무엇인지 어린이들에게 직접 물어봤다.

"난 장난감을 많이 사 주는 것 같아. 장난감 갖고 싶은데 엄마가 안 사 줘."

민준이의 말에 똑똑이 윤중이가 말했다.

"엄마가 널 진짜 사랑하니깐 장난감을 많이 안 사 주는 거야. 장난감 없이도 놀 줄 알아야 창의적이지."

그러자 연성이의 한마디.

"민준이는 그냥 노는 게 좋은 거야. 그림 그리는 거 좋아하고 축구 좋아하고."

재원이도 거든다.

"그럼 놀이 시간을 주는 게 민준이를 위한 방법이네."

"그래그래. 나 장난감 없어도 노는 거 좋아. 그거 좋네."

놀 생각에 행복한 민준이다.

아이들에게 어린이 인권에 대해 얘기해 주자. 부작용 좀 있으면 어떤가. 자기 권리를 챙길 줄 알아야 행복해질 수 있는 법이다.

# 마트에 사는
# 동물들

**몇 해 전 일이다.** 아이들과 대형마트에 갔는데, 우리 아이들이 깜짝 놀라 나를 끌고 어딘가로 가는 것이 아닌가. 이렇게 나를 급하게 끌고 갈 곳은 화장실뿐인 녀석들과 도착한 곳은 동물을 파는 코너였다.

"엄마, 토끼도 팔고 햄스터도 팔아. 이렇게 좁은 데 갇혀 있다고! 동물을 이렇게 물건처럼 팔아도 되는 거야? 말도 안 돼. 그리고 문 닫은 뒤에는 애들은 어떻게 해? 이 큰 마트에서 불 다 꺼지면 얼마나 춥고 무섭겠어? 정말 너무해!"

작은아이는 어쩔 줄 몰라 하며, 얼굴이 벌게진 채 흥분하며 말했다. 그 옆에서는 작은아이와 또래인 듯한 아이가 토끼를 사 달라고 조르고 있었다. 마트에서 이젠 동물까지 팔다니. 곧 돼지도 소도 팔겠군. 상상해 보시라, 마트에서 말도 팔고, 타조도 파는 광경을. 물론 전부터 온갖 동물들을 마트에서 팔기는 했다. 모자 쓴 펭귄 장난감에서 먹는 고기까지 다 영면에 들어간 것들이었다는 아주 큰 차이점이 있지만.

반려동물을 키우는 게 나쁘다는 뜻은 아니다. 반려동물을 키우면 좋은 점이 많다. 동물을 쓰다듬고 대화를 나누면 마음이 부드러워지고 스트레스를 해소하는 데도 좋다. 우울증에도 도움이 되고, 남을 이해하고 배려하는 공감 능력도 좋아진다. 특히 아이들과 노인들에게 마음의 안정감을 주어 정서에 도움이 많이 된다고 한다.

그렇게 소중한 존재이니 그만큼 반려동물을 소중하게 여겨야 한다. 말 못 하는 짐승이라고 괴롭히는 일은 물론 안 되고, 알맞은 먹이를 규칙적으로 주어야 한다. 또 이웃 사람들에게 피해가 안 가도록 보살펴야 한다. 개와 함께 산책을 하다가 개가 똥을 누면 바로 치워야 한다. 지저분할 뿐만 아니라 개똥 속의 회충이 사람에게 감염될 수 있기 때문이다. 동물이 사는 집도 살기 편하게, 늘 청소해 주는 것도 당연한 일이다.

그런데 집에서 동물을 키우는 사람들을 보면 조마조마할 때가 많다. 아, 이런 집도 있었다. 집에서 키우던 물고기가 죽자, 아이와 함께 화장실로 가서는 "니모야, 안녕! 잘 가!" 하고 변기에 넣고 물을 내렸단다. 거창한 장례식까지는 바라지도 않는다. 그래도 최소한, 같이 살던 생명체가 죽었는데 애도 정도는 해 주었으면 어땠을까? 너무나 쿨한 어머니와 아이가 으스스했다.

이 집뿐만이 아니다. 어떤 집에선 토끼를 키웠는데 한여름이 되자 배설물 냄새가 심해져 토끼장을 베란다에 내놓았다. 그런데 어느 날 죽어 있더란다. (이 어느 날이란 말도 기가 막힌다. 매일 들여다보지 않았다는 무시무시한 뜻이다.) 냄새 나는 토끼장을 내놓고, 베란다 문을 닫고 에어컨을 빵빵하게 돌리면서 식구들이야 시원하고 쾌적했으리라.

그럼 토끼는? 아파트에 사는 분들이라면 한여름 한낮의 베란다가 얼마나 한증막인지 잘 아실 것이다. 그 따가운 뙤약볕에 종일 있었으니, 게다가 에어컨 실외기 바로 옆에서 그 시끄러운 소리와 인공의 열기까지 고스란히 다 느끼고 있어야 했으니 안 죽고 배길 재간이 없었을 것이다.

그게 끝이 아니었다. 이 집은 그래도 죽은 토끼를 아파트 화단에 잘 묻어 주었단다. 그런데 죽은 토끼를 제대로 싸는 처리를 않고 묻는 바람에 고양이가 그 사체를 파내 한바탕 난리가 났다. 난데없는 토끼 사체를 본 이웃 주민들이 얼마나 놀랐겠는가. 토끼는 토끼대로 죽어서도 웬 날벼락이고. 상상만 해도 아찔하다.

인터넷에서 곤충을 사서 택배로 곤충을 받았다는 집도 있고, 키우는 새가 날개를 너무 퍼덕이는 게 신경 쓰여서 날개의 일부를 잘라 주었다는 집도 있다. 새 파는 아저씨가 알려 준 거란다. 날지도 못하는 좁은 새장에서 날개를 퍼덕이다 다치기 십상이니 말이다. (새장에 새를 넣으면 날지 못하니, 날지 못하는 새는 새가 아니다. 그럼 닭인가, 닭도 요즘은 넓은 데서 놓아 기른다.) 물론 이 친구는 너무나 새를 사랑하고 오랫동안 기다렸다가 데려온 새라 애지중지하게 키우고 있다. 사람보다 더 나은 환경에 산다고 놀리기까지 했다.

다시 생각해 보니 그럴 수도 있겠다 싶다. 무엇이든 사고팔아 돈을 버는 게 최우선 가치인 자본주의 사회에서 누구도 마트에서 동물을 팔면 안 된다고 말한 적도 없었고, 가르쳐 주고 배운 적도 없으니, 그 일에 대해 생각해 본 적도, 생각해 볼 기회조차도 없었던 것이다.

생명이 있는 것을 물건처럼 사고파는 것은 부끄러운 일이다. 생명이란 단어는 자연이란 단어와 맞물려 있지 않은가. 자연은 돈으로 셈할 수 없는 그 이상의 가치를 지닌 것이다. 아이나 동물은 선택하는 것이 아니다. 돈 주고 샀다가 질리면 버리고, 망가지면 버리고, 고장 나면 폐기 처분해도 되는 그런 물건과는 다르다. 생명이 있는 것은 어떤 식으로든 들였다면 최선을 다해 소중하게 키워야 한다.

그 또한 신이 준 감사한 기회가 아니겠는가. 몇 푼의 돈으로 생명이 있는 걸 얻다니! 키우다 불편하다고 버려서도 안 되며, 나 몰라라 방치해서도 안 된다. 갑자기 생각의 불똥이 우리나라 아이들을 해외로 입양시키는 것까지 번져 온몸이 붉으락푸르락한다.

물론 음지에서 몰래몰래 거래되는 것보다 철저한 관리가 이루어지는 대형마트에서 적정한 가격에 건강한 동물을 팔고 사는 것이 더 좋은 방법일 수도 있으나 나는 그래도 두고 두고 못마땅하다.

우리 작은아이도 곤충을 기른 적이 있다. 친구에게 장수풍뎅이 알을 '입양'해 키우기 시작했다. 그 친구 역시 곤충 키우는 걸 좋아하는 어떤 분에게 입양해 온 것이라 했다. 분무기로 사육통에 물을 줘 가며 습도 조절도 직접 했다. 애벌레가 3령이 되자 예민하다면서 애벌레통 근처엔 불도 켜지 않고 식구들더러도 조용하라고 성화였다. 애벌레인 기간이 6개월에서 10개월 정도인데 그 시간을 다 기다려 어른벌레가 될 때까지 얼마나 지극정성으로 키우던지……. 어른벌레가 된 뒤에는 보통 2개월에서 3개월이면 죽는다고 했는데, 먹이도 직접 만들어 주고 사육통 톱밥 관리도 잘해서 그런지 우리 집 장수풍뎅이는 거의 5개월 가까이 살았다.

그렇게 정성껏 키우던 장수풍뎅이가 때가 되어 죽었다. 작은아이는 '장돌이'를 안고 밥도 안 먹고 펑펑 울었다. 실컷 울게 내버려뒀다. 한참 울던 작은아이는 '학교를 다녀오면 나를 반겨 주던 장돌아, 너와 함께한 시간들……'으로 시작한 제문을 쓰더니, "혹시라도 다시 태어나면 이리로 와!" 하면서 종이 상자로 만든 관에 주소를 쓰고 꽃상여도 만들었다. 3일장을 치른 뒤 일요일 날 아침 식구 모두가 '장돌이'의 장례식에 참여했다.

거북이 '부기'와 '보기'를 키울 때도 그랬다. 작은아이는 녀석들을 제 몸처럼 돌보았다. 다른 가족 역시 다칠세라 병들세라 보기와 부기를 애지중지 키웠다. 엄지손톱만 한 녀석들은 가족들의 사랑을 받고 두 주먹 합친 것만큼 자랐다. 몇 번의 크리스마스를 함께하고 보기와 부기가 떠나던 날, 요즘 세상에서 제일 무섭다는 중학교 2학년이 두 눈이 시뻘게지게 펑펑 울었다.

그런 아이니 마트에서 동물을 사고파는 것을 보고 그렇게 화를 내는 게 당연했다. 진열장 투명한 플라스틱 통에 든 개미가 파란 젤리를 파먹으며 굴을 만들고 있다. 구경하던 아이들은 어서 계속 일하라며 개미통을 좌우로 흔들어 댄다. 벌건 얼굴로 눈 치켜뜬 우리 아이들을 다시 바라본다. 아, 이 아이들을 어찌할 것인가!

**준비물** 백과사전, 작은 스케치북, 연필, 볼펜, 색연필, 지우개 등.

* 동물원에도 가 보고, 우리 생활 주변에서 볼 수 있는 동물들을 관찰해 보자.

* 자신만의 곤충 사전이나 동물 백과를 만들어 보자. 좋아하는 동물의 생김새나 먹이, 활동 방식, 성격을 조사해 그림을 그리고, 간단한 글을 써 책으로 꾸민다.

* 16절지를 접은 정도의 크기에 표지는 좀 두꺼운 종이로 만들어 붙이면 좋다. 가지고 다니며, 본 것을 바로 그릴 수 있으면 더욱 좋다.

같이
얘기해 보아요

동물과 함께 잘 지내기 위해서는 먼저 습성과 특징을 이해해야 한다. 아이들이 관심 갖는 동물을 실제로 만날 수 있다면 더욱 좋다. 자연에서, 동물원에서, 다큐멘터리로, 다양한 방법으로 만날 수 있다.

풍뎅이를 좋아하던 승원이, 종원이, 성현이는 세 달 정도 곤충만 그리며 수업을 했다. 곤충의 생김새, 먹이, 서식지, 풍뎅이를 소재로 디자인하기, 곤충 사랑 포스터 그리기, 그림책 만들기, 자연사박물관 가 보기, 숲으로 가서 찾아보기, 책과 자료 수집하기 등 수업이 끝나갈 무렵 아이들은 물론이고 나 역시 풍뎅이 박사가 되었다.

강아지를 좋아하는 아이라면 강아지의 습성부터 알아가도록 해 주자. 핥는 습성을 예로 들어보자. 강아지는 주인에게 애정과 존경을 표할 때 주인의 몸을 핥는다. 모르는 사람이라면 탐색하기 위해 손등을 핥는다. 작은 강아지가 조금 큰 강아지나 개를 핥는 것은 복종한다는 뜻이고, 자기 몸을 핥을 때는 피부병이 있거나 스트레스를 받았거나 지루하단 소리다. 그러니 잘 관찰해야 한다.

우리 주변에서 가장 흔하게 보는 것이 개와 고양이니까, 이 두 동물을 비교하는 것도 좋다. 신체 구조가 어찌 다른지를 알면 고양이가 개보다 높은 곳을 잘 뛰어오르는 까닭도 알게 되고, 개가 고양이보다 후각이 발달한 이유도 알 수 있다.

"선생님, 우리 뚱이 운동시킬 때 진드기 조심해야겠는데요? 강아지 똥을 조심해야 하는 건지 몰랐어요."

진희는 강아지를 키우며 운동도 더 하게 된단다.

"고양잇과 동물의 뼈를 그려 보니 호랑이, 사자 그릴 때도 이렇게 그리면 되겠다 싶어요. 등뼈가 S자 모양이라 유연해서 높은 곳도 잘 오르나 봐요. 꼬리도 갯과 동물보다 길고요. 그래서 빨리 달리고 중심도 잘 잡고 그러나 봐요."

은주는 어쩜 이리 똑똑한지.

아이들이 그림을 그리는 동안 얼마나 똑똑해지고 착해지는지, 보고 있노라면 참 즐겁다.

# 동물을 위한
# 동물원은 없다

내가 다니던 초등학교는 사계절 내내 아름다운 꽃과 나무로 가득
했다. 봄은 말할 것도 없고, 여름이면 장미 울타리에, 가을이면 국화가 가
득한 길을 지나 교실로 향할 수 있었다. 학교에 작은 동물원에다 식물
원까지 있었다.

수업이 끝나면 동물원 쪽으로 쪼르르 달려갔다. 앵무새보고 말 시키고, 원숭이가 이 나
무 저 나무로 매달리는 모습도 구경하고, 언제나 화려한 깃털로 바닥을 쓸며 이리저리 돌
아다니는 공작새도 보고, 사슴도 볼 수 있어 마냥 행복했다. 다른 학교 아이들이 우리 학교
로 소풍 와서 도시락을 먹고 놀 정도였다. 동물원에다 잘 가꾸어진 정원과 나무가 있으니
누구든 와서 쉬기 좋았다.

그러던 어느 겨울, 동물원에서 사고가 벌어졌다. 갓 태어난 새끼 원숭이가 죽은 거다. 관
리 아저씨가 새끼 원숭이를 치우려는데 엄마 원숭이가 어찌나 사나운지 근처에도 못 갔다.
죽은 지 며칠이 지나 축 늘어진 뻣뻣한 새끼 원숭이를 엄마 원숭이가 자꾸자꾸 부둥켜 안
는데, 그 모습을 보고 있자니 눈물이 뚝뚝 흘렀다. 나나 내 친구들은 우리가 뭔가 잘못하고
있다는 느낌과 미안함이 들어 동물원을 멀리 하게 되었다.

라오스 〈곰에게 자유를Free The Bears〉에서 왔던 길을 자꾸 왔다 갔다 하는 곰을 보았
다. 서울의 큰 동물원에서 보았던 코끼리도 비슷한 행동을 했다. 수족관의 바다사자도 좁
은 물속에서 자꾸만 오락가락, 안절부절못했다. 스트레스와 우울증, 자폐의 일종인 '정향
행동'이다.

1960년대 이후 생물학자들은 동물들이 행복이나 분노 같은 1차 감정 말고도 슬픔, 유머, 수치심 같은 감정도 느낀다고 보고했다. 그 이후 동물 복지와 동물권을 생각하는 사람들이 늘어났다. 우리에 갇힌 동물들에게서 자유를 잃은 생명체의 슬픔을 생각하기 시작한 것이다. 그러나 지금도 동물원의 시설과 목적 등에 대해서는 의견이 분분하다.

동물원은 본래 동물 생태를 연구하고 종 보존을 할 수 있게 돕는 곳이었다. 그렇다면 더더욱 야생동물이 본능을 지니도록 자연과 가장 가까운 생태 조건으로 살 수 있게 해 줘야 하지 않을까. 희귀종이나 멸종 위기 동물들을 편안하고 안락하게 보호하기 위해 온도, 환기, 조명, 소음 같은 조건도 맞춤으로 마련해야겠고. 관람객의 시선을 피해 도망갈 곳도 꼭 있어야겠다.

21세기형 동물원은 동물들이 야생에서 지낼 때와 거의 똑같은 상태로 만들어야 한다고들 이야기한다. 야생동물의 생태와 보존을 최우선 목표로 하고, 체험도 그에 맞게 진행하되 동물들에게 최대한 해가 되지 않는 대안들을 만드는 중이다.

아이들에게 '동물을 위한 동물원'은 어떤 곳일까 물어보았다. 아이들 대부분이 친절한 사육사가 제때 신선한 먹이를 주고 안전하게 보호해 주면 행복할 것 같다고 했다. "그럼 갇혀 있는 게 답답해서 미칠 것 같거나 놀고 싶으면 어떡하지?" 하고 다시 물었더니, 그네나 놀이기구를 그려 주었다. 동물의 생태를 이해하지 못하고 인간의 입장에서 생각했기 때문에 나온 해결책이다. 야생동물들은 서로 싸워 서열을 가려야 하고, 직접 사냥해 먹이를 구해야 하며, 자신에게 알맞은 서식지를 스스로 찾아야 한다. 너무 단호한지 모르겠지만 그저 예뻐하고 귀여워한다고 동물들이 행복하고 건강하게 살 수는 없다.

동물원의 동물들에게선 우리의 모습이 비친다. 부모님이 마련해 준 안락한 환경에서 공부하고, 계획한 대로 말 잘 듣고 사는 우리 아이들. 그게 정말 아이의 행복을 위한 길일까. 야생동물처럼 우리 아이들에게도 본능이 있다. 특히나 어린 시절 놀이 본능 말이다. 가슴에 손을 얹고 생각해 본다. 아이들에게서 스스로 탐구하고 경험할 기회를 빼앗지는 않았나? 미래를 위해서, 안전을 위해서라며 아이들을 가둬 두지는 않았나?

**준비물** 4절 도화지, 색연필, 사인펜, 동물 사진이나 잡지, 여러 가지 만들기 재료들.

＊ 영국 〈런던 동물원〉, 미국 〈브롱크스 동물원〉, 〈오마하 동물원〉은 종 보전과 생태 유지를 중점으로 운영하는 동물원들이다. 이런 동물원에 대해 아이들과 함께 조사해 보고 실제로 우리나라 동물원에 가서 동물 우리는 어떤지, 시설물은 어떤지 관찰해 보자. 그런 다음 어떤 점을 고치면 좋을지 생각해 자신만의 멋진 동물원을 상상해 보자.

＊ 커다란 종이에 '동물을 위한 동물원'을 디자인해 본다. 동물은 그리기 힘들다면 사진을 대신 붙여도 좋다.

＊ 동물원의 각종 시설물을 만들 때는 동물 입장이 되어 생각해 보자. 굴을 좋아하는 동물에게는 찰흙 동굴을, 호기심 많은 동물에게는 줄을 이용한 놀이 시설도 만들어 주자. 시설물은 종이와 찰흙, 실이나 줄, 돌을 이용해 입체물로 만들어도 즐겁다.

같이
얘기해 보아요

동물원 디자인을 잘 하려면 동물들의 생태와 습성을 잘 알아야 한다. 밤에 활동하는 야행성 동물들을 위한 조명, 새들을 위한 천장 디자인 등을 생각하면 쉽겠다. 〈곰에게 자유를〉에서 본 곰의 먹이통은 공처럼 생겼다. 먹이를 그 안에 넣어 두면 곰은 야생 상태에서 나무 구멍이나 바위 속에서 먹이를 꺼낼 때처럼 주둥이나 앞다리를 사용한다. 최대한 본능을 지켜 주려는 배려이다. 동물원을 디자인하는 까닭은 동물들의 생태를 더 잘 이해하기 위해서다. 사람에게 편하고 멋진 디자인보다 동물을 배려하는 마음을 잘 담아 디자인하는 것이 목표다.

'어떤 동물원을 만들까?' 곰곰이 생각하던 똘똘이 서빈이가 드디어 동물원을 그리기 시작했다. 한참을 그렸다 싶은데 동물원은 보이지 않고 온통 초원과 바위뿐이다.
"어떤 그림이야?"
설명해 달라고 했더니, 가장 좋은 동물원은 동물을 하나도 데려오지 않는 거란다.
"원래 살던 그곳이 진짜 살기 좋은 동물원이에요. 사람들이 불편해야 자주 안 가죠. 그래야 동물도 편하고. 생각해 보세요. 손님이 너무 자주 많이 와도 안 좋아요. 헤헤."
최첨단 자동 먹이 장치, 자동 온습도 조절기가 달린 동물 우리, 24시간 지킴이 로봇이 있는 동물원 설계도를 그린 동엽이가 동생이 그린 동물원을 가만히 바라보다 싱긋 웃는다. 녀석도 나처럼 영화 시작할 때 나오는 으르렁 사자를 서빈이의 초원에서 본 것인가.

# 나와 조금
# 다를 뿐이에요

"로다, 저 질문이 있어요. 졸업한 수민이가 발달장애인가요? 지금 3학년 준아는 소아마비인가요? 아연이는요? 제가 이 친구들과 아무 문제없이 함께 즐겁게 수업한다란 내용의 글을 쓰려는데 잘 몰라서요."

"제가 봤을 때 큰 범위에서 수민이, 준아가 발달장애를 가지고 있는 아이들은 맞는 거 같아요. 아연이는 그 경계선에 있는 아이라 장애 구분을 말씀드리기 애매하고요. 근데 저희는 사실 아이들을 장애로 구분하기보단 개개인의 특성 위주로 보다 보니 이런 질문을 받으면 가끔 헷갈려요."

"저도 우리 학교 아이들은 다들 잘 지내서 장애가 있는 아이, 없는 아이 이렇게 구분 지어 본 적이 없어요."

"장애의 특성이 아닌 아이의 특성으로 봐야죠. 게다가 아이에 대한 교육 계획은 아이, 부모, 교사 모두 모여서 같이 이야기해야 하는데 이 과정이 사실 일반학교에서는 힘들죠."

"로다, 장애가 없는 사람들이 장애를 가진 아이들과 어찌 지내면 좋은지 방법 좀 알려 주세요."

"글쎄요, 아이와 마음을 열고 이야기하고 아이의 행동을 관찰하는 것부터 시작해야죠. 그리고 아이가 할 수 있는 것부터 차근차근 같이 해 나가면 좋겠죠. 도움이 필요한 아이에게 중요한 것은 자존감과 소속감이라고 생각하거든요."

"아, 소속감! 그래서 학교가 필요하구나. 제가 이걸 놓쳤어요."

"앞으로 어떤 특성을 지닌 아이들이 올지 모르겠지만 그때마다 개인의 특성을 살피고 조정하는 과정은 다 같이 겪어야겠죠. 장애 친구들이 교우 관계가 넓어지면서 학교생활에서 자신감이나 재미를 많이 찾아가고 있어요."

대안학교 교사인 뜨거운 피 20대 로다와 문자를 주고받은 내용이다. 로다는 도움이 필요한 친구들을 도와 함께 수업에 참여한다. 지난해 미술 수업에도 함께 참여해 도움을 주어 궁금하던 것을 물었더니 이리 조언을 주었다.

## 장애인, 다문화, 탈북자 이런 구분은 필요 없지 않을까.

소수자의 특성이 아니라 인간에 대한 특성으로 이해하는 것이 먼저가 아닐까.

로다 말처럼 모두 모여 머리를 맞대고 함께 고민하고 다 같이 겪어 나가야 할 일인데 무슨 편리와 이익으로 이렇게 구분하고 밀어내는지 모르겠다. 더 나은 세심한 배려를 위해서라고 말할지도 모르겠다. 그러나 정작 당사자들은 불편하다.

탈북자들에게 강의를 하는 친구 말이 탈북자들은 이 사회에 어서 흡수가 되고 싶어 북한 말투를 고치고 북에서 왔다는 것을 숨긴다고 한다. 이 사회에서 보는 시선이 평등했다면 굳이 그러할까.

장애인 역시 타인의 시선이 힘겹다. 특성을 모르니 놀리고 함부로 대한다. 한 강연에서 다문화 가정의 어머님들이 자식들이 이 사회에 잘 적응할 수 있을지 몹시도 불안해하시는 걸 보기도 했다. 다르다는 건 멋진 것인데 남과 다르면 이상하고 큰일이 나는 우리 사회. 타인의 시선으로 자신을 만드는 일은 정말 안타까운 일이다.

실감하지 못하고 살아서 그렇지 우리나라는 이미 다문화 국가다. 수많은 다문화 가족이 있고, 탈북자들이 정착해 살고 있다. 여기 이 땅에 새로이 정착해 뿌리를 내리려는 사람들에게 어떤 도움을 줄 수 있을까? 이웃 동네로만 옮겨 가도 적응이 잘 안 되고 어울리기가 쉽지 않은데 더 나은 삶을 위해 다른 나라, 다른 체제로 옮겨 온 사람들은 오죽할까. 이 땅이 풍요롭지는 않을지언정 그들의 선택에 안락과 평화가 깃들었으면 좋겠다.

**준비물** 4절 도화지, 연필, 지우개, 사인펜, 색연필.

＊ 탈북자, 장애인, 다문화 가족, 성소수자, 희귀 질환을 앓는 환자 등 사회적 약자나 소수자들을 입장이 되어 보자. 이 사람들을 배려해야 하는 이유를 생각해 보고, 그들의 목소리를 담은 포스터를 그려 보자.

＊ 사회적 약자를 위한 공공시설을 설계해 보고, 실생활에서 자주 쓰는 제품도 디자인해 보자.

같이
얘기해 보아요

서영이가 시각 장애인, 청각 장애인을 위한 횡단보도와 신호등을 디자인하다가 이렇게 말했다.

"선생님, 이런 건 장애인뿐만 아니라 우리도 좋은 거 아니에요? 보세요. 시각 장애인을 위해 예쁜 새 소리로 알려 주면 다른 사람도 기분이 좋아지잖아요. 청각 장애인을 위해서 움직임이 있는 신호등을 만들면 다른 사람들도 더 재미있게 길을 건널 수 있고요. 약한 사람을 돕는 것이 나를 돕는 것과 같아요."

얼마나 멋진 생각인가!

"우리 반에는 중국에서 온 친구가 있어요. 그 친구가 중국 이야기를 해 주면 정말 재미있어요. 저는 그 친구가 좋아요."

이야기를 좋아하는 현채가 친구를 안아 준다.

"저는 노숙인을 위한 겨울옷을 만들어 보려고요. 겨울옷도 되고, 이불도 돼요. 근데 제가 노숙인이라면 이런 옷도 좋지만 어서 기술을 배우고 싶을 것 같아요. 그래야 어서 자립하죠. 그래서 재활 교육 센터를 디자인했어요. 집처럼 편안하고 안정감이 넘치는 곳으로요."

'자립'이란 단어를 말하고 뿌듯해하는 성규.

"저는 폐지 줍는 할아버지를 돕는 로봇을 그렸어요. 이 로봇은 나라에서 지원해 주거나 기부금을 모아서 사드려야 해요. 로봇보다 더 좋은 것은 할아버지가 종이를 줍지 않고도 살 수 있을 만큼 복지 혜택을 받는 거예요."

똑똑한 현우 말에 애들이 로봇이 얼마나 비싼 줄 아냐고 타박을 준다. 그래도 현우가 지지 않고 "과학이 발달하며 싸져." 한다.

딱 아이들 생각만큼만 되어도 좋겠다. 어른들은 왜 아이들처럼 생각을 못 하는 거지? "어른이니까."라고 말하면 흘겨봐 줄 거다.

# 4부

## 자연에서 놀아요

◆ 자연에서 놀자, 살자!

◆ 자연 시계에 맞춰 살아요

◆ 나무의 마음

◆ 먹지 않고 살 순 없지, 그래도

◆ 내가 만든 장난감

# 자연에서 놀자,
# 살자 !

지금은 고등학생, 중학생이 된 우리 아이들이 어렸을 때는 주로 산이나 공원에서 하루를 보냈다. 집이 바닷가였으면 하루 종일 모래놀이에 조개껍데기 주우러 다니느라 해가 꼴딱 넘어갔겠지. 친구들은 그런 나를 많이 걱정했다.

"너, 애들 그렇게 공부 안 시키고 놀면 나중에 눈물 난다."

"초등학교 때 제대로 준비하지 않으면 나중에 후회할걸."

그런 얘기를 듣는 동안에도 자연에서 뛰어노는 눈부신 아이들밖에 눈에 들어오지 않았다. 나를 걱정하는 친구들과는 달리, 나는 오히려 초등학교 시절에 자연과 교감하지 않으면 안 된다고 생각했다. 그보다 어렸을 땐 몸이 아직 자유자재로 움직여지지 않을 테고, 그보다 커서 청소년이 되면 너른 세상 공부하느라 숲에 갈 시간이 모자랄 테니 말이다.

나무들은 사계절 내내 옷을 갈아입고, 계절을 담은 바람과 춤추며 우리를 부른다.

봄이면 생명을 품은 흙냄새가 진동을 해 코를 벌름벌름, 최면에라도 걸린 듯 문밖으로 나간다. 온갖 풀이 쏙쏙 땅 위로 고개를 내밀며 인사를 한다. 개미들이 먹이를 찾아 길을 나서면 우리도 무르팍으로 기어서 따라간다. 한참 따라가다 보면 거대한 개미굴을 만나기도 할 것이다! 비밀 기지를 만들고 산에 갈 때마다 다람쥐가 놀다 갔나, 까치가 다녀갔나, 다람쥐처럼 쪼르르 달려가고 까치처럼 포르르 날아 숲으로 날아들어 보자.

여름 숲에 들어가 하루를 보내고 나오면 아이들 몸과 마음에 초록 물이 담뿍 들어 있다. 나비나 노린재라도 따라온 날은 집에 들어갈 생각을 못 한다. 비 오는 날엔 커다란 나무를 향해 달려가 떨어지는 빗소리를 들으며 나무와 같이 젖으며 낄낄거렸다.

가을엔 도토리도 줍고, 낙엽을 선물처럼 들고 새들의 걸음걸이를 따라했다. 그러면서 숨바꼭질하느라 온통 흙투성이!

겨울엔 아주 단단히 입고 온 숲을 마음껏 뛰어다녔다. 추위로 사람들이 꼭꼭 숨어 버려서 놀기 더 좋다. 바스락바스락 마른 나뭇가지 밟는 소리도 좋고, 새들의 쉼터인 작은 물웅덩이가 얼면서 그대로 갇혀 버린 단풍잎 구경도 했다. 숲은 날마다 다른 모습으로 우리를 반겨 주었다. 눈 내리는 날은 '눈 타임캡슐'을 만들어 냉동실에 넣어 두었다. 몇 년도 눈인지 적어서 꽁꽁 얼려 두었지. 작은아이가 3학년 때 이사를 했는데, 냉장고 전원을 빼는 바람에 유치원 때 담아 둔 눈이 녹아 버렸다. 아이가 잔뜩 아쉬워하며 말했다.

"눈이 눈물이 되었네."

산이나 공원에 가지 않는 날은 산에서 주워 온 나뭇가지, 나뭇잎, 열매를 모아 놓은 바구니에서 이것저것 꺼내 그림도 그리고 장난감도 만들었다. 아이들도 학교 갔다 올 때마다 신주머니가 불룩했다. 무거워서 들여다보면 작은 실내화 한 쌍 옆에 돌멩이, 나뭇가지, 나뭇잎이 들어 있었다. 호주머니에도 예쁜 단풍잎과 돌멩이 들이 종종 들어 있었다. 자연과 친한 아이들은 그런 것이 얼마나 예쁘고 소중한지 다 안다. 그리고 그런 것을 마음에 담을 줄 아는 아이들은 마음결 역시 곱다.

세상이 세운 기준으로만 살아가느라 용기를 못 내는 엄마들을 위해 한마디만 덧붙이자면, 그렇게 자란 우리 아이 둘 다 사리분별 잘 하는 학생이 되었다. 그러니 너무 걱정 마시고, 아이들을 놀게 하시라!

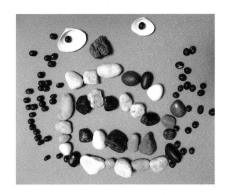

# 이렇게 진행해 보세요

준비물 여러 모양의 돌멩이, 지점토, 손수건, 아크릴물감, 유성펜 등.

## ★ 돌멩이 장기

**1** 동그란 돌멩이에 아크릴물감이나 펜으로 그림을 그리거나 글자를 쓴다.

**2** 장기판은 커다란 손수건이나 보자기에 선을 그려 만든다. 여기에 돌멩이를 담아 다녀도 좋다.

## ★ 돌멩이 체스

**1** 돌멩이에 체스 말 그림을 그린다.

**2** 지점토로 받침을 만들어 돌멩이를 끼우면 멋진 체스 말이 된다.

**3** 체스판은 하드보드지 같은 단단한 종이로 만들어야 말을 세우기 좋다.

## ★ 바닷가 추억 상자

**1** 예쁜 조개껍데기, 돌멩이, 바닷물, 바닷바람을 모두 상자에 담는다.

**2** 언제, 어디에 다녀온 추억인지 이름도 써서 붙이고 사진과 글도 넣어 둔다.

**3** 바다가 그리울 때 뚜껑을 열어 바닷물도 만져 보고 바람도 쐬어 보면 아이들이 무척 좋아한다.

**같이 얘기해 보아요**

바닷가 추억 상자를 만들기 위해 해마다 여름이면 동해, 서해, 남해, 제주도까지 두루 쏘다녔다. 바닷물을 병에 담아 이름표를 붙이고, 바람을 담은 병들은 상징적으로 우리가 사는 곳까지 데리고 와 열었다. "지금 한여름 바닷바람이 느껴지는 이유는 내가 풀어 준 그 바람 때문이야."라고 하면서. 페트병에 담아 온 바닷물도 중랑천에 풀어 주며 "너에게 모험이 필요한 시간이야!" 하기도 했다. 바닷가 추억 상자는 소소하면서 소중한 낭만을 가져다주었다.

"엄마, 어떻게 돌멩이 하나도 똑같은 게 없어. 신기하지 않아? 자연은 참 대단해."

"너도 자연이야. 대단한 자연!"

"헤헤, 엄마는 대단한 지연!"

한여름 아차산 자락에서 선물할 장기알을 만들려고 돌멩이를 잔뜩 줍고, 너럭바위에 앉아 손수건 장기판을 펴고 장기를 두며 깔깔거리는 아이들 모습을 떠올려 보니 냇가에 발 담그고 신선노름을 했구나 싶다. 아이들도 기억들할까.

오대산 월정산에서 만난 거대한 나무들과 4월의 눈, 불암산에서 한 숲 놀이, 아차산에서 즐긴 숨바꼭질, 설악산의 가을, 주왕산의 이국스러움과 주산지의 늦여름, 무주 구천동의 깜짝 놀랄 만큼의 차가운 물과 별천지의 밤과 반딧불이의 춤, 겨울의 동해 바닷가, 서해의 일몰과 갯벌 등 우리 산천 곳곳에 숨어 있는 아름다움과 경이로움을 아이들과 부디 가득가득 누리시길.

# 자연 시계에
# 맞춰 살아요

엄마들이라면 젖을 먹던 아가가 처음으로 이유식 한 숟가락을 받아먹었을 때 얼마나 경이로웠는지 기억할 것이다. 그게 어찌나 신기하고 재미있던지, 건강하고 신선한 재료를 끓이고 갈고 빻아 먹이며 아이가 건강하게 자라도록 혼신의 힘을 쏟는다. 아가들은 알록달록하고 달콤하고 쌉싸름하고 고소하고 새콤한 맛을 다 입으로 입으로 가져간다. "나 살아 있어요!", "공부 중이에요!" 온몸으로 이야기하면서 말이다.

아이들이 어릴 때 〈한살림〉에서 하는 모심기 농활을 간 적이 있다. (말이 농활이지 아이들이 심은 모는 아마도 어르신들이 죄다 다시 심었으리라.) 봄에 물 그득한 논에 발이 쑥쑥 빠져가며 못줄에 맞춰 모를 심고, 가을에 벼 베기 할 때 가서 밥 얻어먹고, 열매 따 먹고, 농부들과 함께한 시간은 아이들에게 쌀 한 톨도 귀히 여기는 마음을 지니게 해 주었다.

그렇게 직접 농사를 짓고 밭에서 채소를 길러 아이들에게 먹인다면 참 좋긴 할 테지. 닭이나 돼지를 키울 수 있다면 금상첨화겠고. 그러나 도시에 사는 요즘 우리 아이들의 먹거리 대부분은 편리하고 간편한 인스턴트식품, 통조림, 냉동식품이다. 여러 사람들의 입맛에 맞아야 하고 또 오래 두고 팔아야 하니 식품 첨가물이 들어가고, 몸에 해로운 화학성분을 피할 수가 없다.

사실, 맛있는 것을 언제나, 손쉽게 먹겠다는 것 자체가 말이 안 된다. 마트에서 흔히 볼 수 있는 딸기만 해도 5월 중순부터 해서 초여름이 원래 자연이 정해 준 제철이었다. 그런데 이제는 한겨울에도 얼마든지 먹을 수 있다. 한겨울에 딸기를 수확하려면 비닐하우스 난방에 엄청난 양의 석유를 써야 한다. 한여름에 먹는 딸기도 냉동 보관이 필수니 에너지가 또 든다. 우리가 먹는 딸기는 석유로 만들어졌다는 말이 과장이 아닌 셈이다. 하긴 지금 우리가 먹는 농산물 대부분은 석유에 기대고 있다. 온도 유지하는 장치뿐만 아니라 각종 농약과 화학비료, 비닐…… 석유가 쓰이지 않은 곳이 없다. 상황이 이러니 제철 먹거리를 먹는 것이 자연과 하나 되는 가장 자연스러운 방법이다.

다행히 고맙게도 우리나라는 사계절 내내 산과 들에서 다양한 먹거리를 구할 수 있다. 3월엔 춘곤증을 이기는 냉이, 국이나 떡을 만들어 먹는 쑥, 뿌리까지 캐어 무쳐 먹는 봄 영양제 씀바귀, 약재로 쓰일 만큼 몸에 좋은 고들빼기, 원추리가 있다. 4월엔 머위, 질경이, 두릅, 참나물, 고사리, 진달래가 나고, 봄과 여름 사이엔 죽순, 명아주, 비름나물, 미나리, 취나물이 난다. 한여름에는 야생 과실 오디, 다래, 머루가 익고, 가을엔 밭작물은 물론이고 온통 수확하는 계절이니 먹거리 또한 풍부하다.

이렇게 계절마다 먹을 게 지천이다. 알면 맛있고 귀한 나물, 모르면 다 잡초고 풀이다. 세상살이도, 사람도 또한 그렇지. 몰라서 그렇지 다 귀한 사람이다.

우리 할머니는 곧잘 그러셨다. "철부지는 철을 잊은 아이"라고. "아이고 시절아, 저 시절 좀 보소." 하고 흉을 보실 때도 있었다. 이 또한 때를 모르고 엉뚱한 소리를 하는 사람에게 하던 말이다. 철을 잊으면 한 해 농사를 망치게 되니, 제때 맞춰 농사짓고 삶을 이어 가는 것이 가장 자연스러운 것임을 일상의 말로 알려 주셨던 셈이다.

'어떻게 시계를 보지 않고 때를 알아?'

할머니 얘기를 통 못 알아듣겠더니, 이만큼 나이를 먹고서야 겨우 조금 알 것도 같다. 장소와 때가 함께 맞물려 알맞은 생각과 행동을 한다면 자연스러운 삶은 상생으로 기운생동하게 될 터이니, 철없는 우리들 제철 음식으로 철 좀 들어 보자!

## 이렇게 진행해 보세요

### ★ 식물 표본 만들기

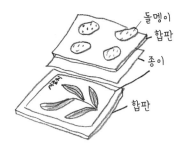 

＊ 두꺼운 책이나 종이 사이에 식물을 끼워 넣고 무거운 물건으로 눌러 말린다.

＊ 잘 마르면 이름과 특징, 채취한 장소와 시간을 적는다.

＊ 표본을 잘 두었다가 그림 그릴 때 참고로 보고 그리면 좋다. 소풍이나 산책 그림에 표본을 펴서 보고 풀 한두 포기라도 자세히 그리면 그림의 완성도가 높아진다.

### ★ 나물 사전 만들기

＊ 나물을 관찰하고, 생김새를 그리고, 특징을 쓰고, 직접 무쳐 먹어 보고, 만드는 방법과 맛까지 기록해 두자. 자꾸만 펼쳐 보고 싶은 나만의 사전이 된다.

원추리      명아주      질경이      고들빼기

같이
얘기해 보아요

제철 음식을 골라 같이 공부해 보자. 제철에 나는 과일과 채소는 색도 곱고 모양도 다양하다. 비, 바람, 햇볕과 고분군투하며 자란 농작물을 관찰하고, 그리고, 맛보는 것만큼 근사한 공부도 없다.

사과도, 상추도, 깻잎도, 고추도, 시금치도 다 그려 보자. 시금치랑 아욱이랑 근대가 뭐가 다른지, 열무가 얼마나 예쁜지, 고사리가 얼마나 귀여운지도 살펴보자.

나물 요리도 직접 해 먹어 보면 좋다. 나물 파는 분에게 요리법을 물어보면 잘 알려 주신다. 나물마다 만들어 먹는 법도 조금씩 달라 풍미가 더 좋다.

"급식에서 나오는 초록 풀은 다 시금치인 줄 알았어요. 그런데 취나물, 참나물, 깻잎 순, 비름나물, 쑥갓나물까지 이렇게 다양한 줄 몰랐지 뭐예요. 이젠 구분이 좀 돼요. 향도 맛도 다 달라요."

그래도 여전히 쑥갓을 시금치라고 하는 연성이.

"쑥이랑 쑥갓이랑 비슷하게 생겼는데 같은 과래요. 국화도 같은 과예요. 신기하죠?"

미래의 식물학자 민준이.

"다음에는 마트나 시장에 가서 보고 그려요. 그릴 게 정말 많아요."

호기심 왕자 윤중이.

"전 땅속에서 자라는 것만 그릴래요. 무, 당근, 우엉, 감자, 고구마, 땅콩이요! 제가 좋아하는 땅속 동물들이 그걸 먹고 있는 것도 그릴래요!"

에너지 넘치는 재원이다.

"근데 사계절 내내 그려야겠네요. 아이쿠, 이런. 우리나라 좋은 나라!"

뒹굴대왕 서진이.

독수리 오형제는 오늘도 지구의 평화를 위해 열심히 나물 공부를 하고 있다. 파이팅!

# 나무의
# 마음

내 가슴속엔 사라락 사라락 춤추는 포플러 나무들이 있다. 혹시 보이시나? 초등학교 운동장에 있는 나무들 말이다. ('국민학교'라고 쓰고 싶으나 자동 맞춤법 검사 기능에 따라 저절로 초등학교라고 고쳐진다. 구시대라서가 아니라 나는 국민학교를 나왔기에 굳이 초등이라고 바꿔서 말하고 싶지 않다만……) 한여름 더울 때는 나무 그늘에 모여 공기놀이, 말뚝박기를 했다. 비가 오면 우리 우산도 되어 주고, 약속 장소가 되어 주기도 했다. 아이들이 맨날 달라붙으니 귀찮아서 송충이를 마구 떨어뜨리던 장난꾸러기 나무이기도 했지. 어른이 된 지금도 내 마음속에 든든하게 자라고 있다.

그런 나무들을 잘라 버린다니, 상상만 해도 어린 시절 추억까지 함께 잘려 나가는 것 같아 가슴이 아프다. (그새 잘려 버린 나무도 있고 뿌리가 뽑힌 나무도 있었겠지. 시간이 많이 흘렀으니까.) 헤어진 내 친구가 어느 날 학교 운동장에 와서 그 나무들을 보면 우리들의 웃음소리를 찾을 수 있을 텐데, 나뿐 아니라 나무 아래서 자란 친구들 모두 가슴에 그 나무들을 품고 어른이 되었으니까 말이다. 나무가 웃어 우리도 웃는다. 나무가 울면 우리도 눈물 흘린다. 함께 자랐으니까.

조용히 침묵만 지키는 것 같지만 나무는 노래도 할 수 있습니다. 바람에 나뭇가지가 흔들리며 내는 소리와 새들의 지저귐이 곧 나무의 노래입니다. 그 노래는 인간에게 큰 기쁨을 줍니다. 나무는 또한 자신에게 상처를 주는 요소들에 민감하게 작용하며 화를 낼 수도 있습니다.

《농부 철학자 피에르 라비》, 장 피에르 카르티에·라셀 카르티에 글,

길잡이 늑대 옮김, 조화로운 삶, 2007

농부 철학자 피에르 라비가 말한 것처럼 나무에게도 감정이 있다. 인디언들도 나무에 영혼이 있다고 믿었다. 남태평양 솔로몬 제도에 있는 어느 섬에선 원주민들이 도끼로 베기 어려운 나무가 있으면 그 나무 아래에서 고함을 지른단다. 그러기를 한 달 정도 지나면 나무가 쓰러져 죽는다고. 그게 나무의 영혼이 죽기 때문이라는 거다. 우리 할머니도 어려운 일, 중요한 일 있을 때마다 거친 손 비벼 가며 나무에게 기도했다. 나무가 생명을 지녔음을, 사람의 소유물이 아닌 걸 모두들 아는 것 같은데 왜 그리 나무를 베어 내는 건지 모르겠다.

아파트 단지마다 오래된 나무들이 시원하게 쭉쭉 뻗어 있다. 아파트가 낡아 재건축을 해야 한다는 이야기가 나올 때마다 나는 나무 걱정부터 한다. 커다란 나무를 옮겨 심으려면 전문가를 부르고 장비도 동원해야 하는데 번거로운 데다 비용도 많이 드니 아예 베어 버리는 게 낫단다. 인간의 편리를 핑계로 나무들이 쓰러져 갈 것이 마음 아파 나 혼자 전전긍긍한다.

사람들에게 필요한 게 단지 새 건물만은 아닐 텐데. 돈은 더 들더라도 오랜 시간 사람들과 함께해 오며 켜켜이 추억을 쌓은 나무 한 그루를 지켜 내는 것이 더 의미 있는 일 아닐까. 하긴 열흘 남짓 열리는 동계올림픽 때문에 조선시대부터 보호구역으로 엄격하게 관리되어 왔던 가리왕산의 나무를 하루아침에 4만 그루가 넘게 베어 버리는 나라이니, 재건축 아파트 단지의 볼품없는 나무 몇 그루야 누가 상관하겠는가마는, 에후.

효율적이지 않다고, 경제 가치가 없다고, 우리는 소중한 것들을 너무 쉽게 버리고 있다. 나무도 그러한데 전통 문화유산이나 눈에 보이지 않는 가치, 미덕들은 오죽하겠는가.

보이지 않아도 보도록 해 보자. 나무가 비를 바라는 마음, 열매를 맺었을 때의 기쁨, 벼락에 가지가 부러졌을 때의 아픔을, 찬바람 속에서 꽃을 피우려는 나무의 그 마음을 생각해 보자.

**준비물** 스케치북, 물감, 크레파스, 풀, 가위.

### ★ 나무의 마음을 표현하기

＊ 나무가 되어 분노, 혐오, 두려움, 행복, 슬픔, 놀라움을 몸으로 표현해 본다.
새들이 들려주는 노랫소리에 행복해진 분홍빛 소나무, 가을바람과 춤추는 알록달록
은행나무, 천둥 번개에 깜짝 놀란 사시나무를 몸으로 표현해 보고 그림으로도 그려
보자. 나무 본래의 색 말고 감정을 잘 보여 줄 수 있는 색으로 칠하면 더 재미있다.

엉엉          하하          차렷!          앗! 깜짝          얍!

### ★ 나무껍질, 나뭇잎으로 그림 그리기

＊ 나무껍질이나 나뭇잎 위에 종이를 대고 크레용이나 연필로 문지르면 질감과 모양
이 그대로 나온다. 이걸 잘라 붙이면 재미있는 그림이 된다.

### ★ 내가 세운 나무

＊ 전지 두 장을 합쳐 상상의 나무를 그린다.

＊ 나무를 오려 바느질을 하거나 찍개로 박은 후, 안에 신문지나 솜을 채워 숲이나 놀
이터, 집 밖에 세워 보자. 아주 근사하고 신비로운 나무를 만날 수 있다.

같이
얘기해 보아요

우리 주변에서 흔히 볼 수 있는 나무의 이름과 종류, 생태를 알아보자.

의외로 많은 사람들이 진달래와 철쭉을 헷갈려 한다. 자세히 살펴보면 진달래는 잎이 나기 전에 꽃이 피고, 꽃 크기도 철쭉보다 크다. 색도 진하고. 철쭉은 잎과 꽃이 동시에 나고 피거나 잎이 먼저 난다. 그리고 꽃부리 윗부분 안쪽에 적갈색 반점이 있어 구별하기 쉽다.

소나무랑 잣나무를 구별 못 하겠다는 사람들도 많다. 둘 다 바늘 모양으로 잎이 뾰족한데 소나무는 잎이 두 개씩, 잣나무는 다섯 개씩 묶음으로 달려 있다.

호두나무나 벚나무 가까이에 풀이 자라지 않는 건 이들 나무가 뿜어내는 독성 때문이란 것도 알려 주면 신기해한다. 이런 걸 알고 나면 모르고 보았을 때와는 다를 수밖에 없다.

아이들은 몸으로 나무를 표현하고, 그림을 그리고, 시를 쓰면서 나무에 자신의 마음을 담았다.

몸이 약한 아이는 가지가 부러진 나무에 붕대를 감아 준 그림을 그린 뒤 건강하게 자라라는 시를 썼다. 아주 건강하고 튼튼한 나무를 그린 뒤 "내 나무예요!" 하는 아이도 있었다. 성취 욕구가 강한 아이는 나무에 열매를 주렁주렁 매달았고, 자신의 외로운 마음을 가는 나뭇가지에 잎이 없는 나무로 잘 담아낸 아이도 있었다.

바람에 하늘거리는 버드나무 옆에서 함께 춤을 추기도 했다. 폭풍이 지나간 뒤 길가에 쓰러지고 부러진 나무들을 보며 "얼마나 놀랐니?" 하며 나무를 쓰다듬던 예쁜 해원이도 떠오른다. 아이들은 이렇게 곱다, 나무처럼!

# 먹지 않고 살 순 없지,
# 그래도

 바닷가에 집을 짓고 살아 보는 것이 소원이다. 햇살 좋은 날은 모래사장에 앉아 그림을 그리고, 집 뒤 작은 텃밭에서 바닷바람 맞으며 자란 맛있는 채소들도 뜯어 먹고, 고기잡이배가 들어오면 바구니 옆에 끼고 달려가 싱싱한 생선을 얻어 오는 날들을 꿈꾼다. 구워 먹고, 지져 먹고, 끓여 먹을 거다. 태풍이라도 부는 날에는 꼭꼭 문 닫고 그림책을 읽으면 좋겠지.

시장에서 생선을 살 때마다 물고기들이 사는 바다를 상상한다. 살아 있는 물고기를 볼 때는 팔딱팔딱 넘치는 생기에 눈을 빼앗겨 물고기가 사는 바다까지 생각할 겨를이 없기 때문이다.

'그 넓은 바다에서 행복했니? 넌 어쩌면 대단한 모험가였겠지?'

그러면서도 도마 위에 물고기를 놓고 눈을 부릅뜨고 있는 대가리를 댕강, 날개 같은 지느러미도 삭둑, 비늘은 벅벅 벗길 수밖에 없다. 배를 갈라 내장도 빼고, 뜨거운 프라이팬 위에서 지글지글 튀겨 낸다.

"이건 남태평양 피지 섬 쪽에서 놀 때 만든 살일 거야."

"헤헤, 그럼 이 꼬리 쪽 살은 춤추며 키운 살이겠네."

"여기 머리 쪽 살은 추워서 목도리하려고! 큭큭."

"생선은 뒤집어 먹으면 안 돼. 어부들 배가 뒤집힌대!"

"그렇다면 아주 더운 날 뒤집어야지, 어부들이 수영하게 말이야."

두 아이와 이런 이야기를 주고받으면서 생선을 먹는다. 물고기 한 마리가 지나온 일생

덕분에 우리는 또 우리의 한 끼를 맛있게 잘 먹었다. 오늘도 살았다.

배부르지 않게 먹기. 필요한 만큼만 먹기.

이게 아이들과 나의 밥상머리 약속이다. 우리의 작은 약속이 우리 밥상에 올라온 물고기들이 바다에서 더 많이 놀고 춤추게 만들 거라 믿으면서 말이다.

## 투두둑, 영차!

토끼풀이 흙을 들고 일어섰다. 아, 눈부시게 예쁜 토끼풀.

토끼가 깡충 뛰어와 냠냠 먹었다, 싱싱하고 맛있는 토끼풀을.

늑대가 성큼 뛰어와 냉큼 먹었다, 싱싱하고 맛있는 토끼풀을 먹은 토끼를.

호랑이가 휙 뛰어와 꿀꺽 먹었다, 싱싱하고 맛있는 토끼풀을 먹은 토끼가 배 속에 있는 늑대를.

사냥꾼이 총을 척! 빵야! 쩝쩝 먹었다, 싱싱하고 맛있는 토끼풀을 먹은 토끼가 배 속에 있는 늑대를 꿀꺽한 호랑이를.

힘 넘치던 사냥꾼도 호호 늙어 이와 머리카락이 다 빠졌다. 그러고는 때가 되어 땅속에 묻혔다.

바글바글 미생물들이 사냥꾼을 먹었다, 싱싱하고 맛있는 토끼풀을 먹은 토끼가 배 속에 있는 늑대를 꿀꺽한 호랑이를 먹었던 사냥꾼을.

그리고 땅속에서 다시 토끼풀이 자란다, 햇빛과 물, 미생물을 먹으며.

모두 먹는다. 모두 살아 있다.

그러니 모두 사랑해야 한다.

모두가 이렇게 생각해 준다면 갯벌을 메워 버리자는 바보 같은 생각도, 강을 막아 물길을 끊어 버리자는 멍청한 일도, 강의 흐름을 바꿔 버리는 정신 나간 짓도 하지 않을 텐데……. 그러니까 이런 일들이 생기는 건 다 우리가 밥을 제대로 안 먹었기 때문이란 말씀!

**준비물** 4절 도화지, 색연필, 사인펜, 잡지, 가위, 풀 등.

## ★ 지구 위의 즐거운 식사 시간

＊ 동물들이 먹이를 즐겁게 먹는 모습, 감사하고 신나는 식사 시간을 그림으로 그려
보자.

초식동물, 육식동물에 맞는 먹거리를 그리는 게 중요하다. 풀을 먹어야 하는 소에게
동물성 사료를 먹이면 안 된다. 거기에서 얻은 우유와 고기가 사람 몸에 좋을 리 없
다. 거위 주둥이에 깔때기를 넣어 억지로 크게 키운 간, 좁은 닭장에서 기계적으로
낳은 달걀이 좋은 에너지를 품고 있기란 힘들다. 잘못된 방식으로 얻은 먹거리는 우
리의 몸과 마음을 병들게 한다.

＊ 상상력을 펼쳐 재미나게 그려도 좋다.

개미는 나뭇잎 접시에 과자를 올려놓고 차를 마시고, 토끼는 예쁜 그릇에 토끼풀 샐
러드와 당근 주스를 마시고, 늑대는 멋진 턱시도를 입고 맛난 고기를 우아하게 썰어
서 한 입 먹고, 아빠 호랑이는 바비큐 장에서 고기를 굽는다. 배가 고프지 않은 아가
호랑이들은 토끼들과 놀 수도 있겠다.

같이
얘기해 보아요

언젠가 아이들에게 물은 적이 있다.

"사과나무나 돼지는 자라면서 어떤 생각을 할까?"

아이들 얘기를 듣고 얼마나 놀랐는지 모른다.

"사과나무는 그럴 거예요. '내가 만든 사과 맛있으니 많이 먹어요.'"

"돼지는 '나는 맛있는 삼겹살이에요.'라고 할 거예요."

"암탉은 그러겠지요. '꼬꼬댁! 내가 알을 낳았어요. 어서 가져가서 신선할 때 드세요.'"

말도 안 되는 소리다. 생명 있는 모든 것은 무엇이라도 포식자에게 잡아먹히고 싶어 하지 않는다. 먹히는 순간 죽는 건데 어떻게 좋아하겠는가.

사과나무가 열매를 맺는 건 번식할 씨를 만들기 위해서다. 돼지가 새끼를 낳는 것도 사람들이 맛있게 먹을 부드럽고 살이 여린 아기 돼지를 내놓기 위해서가 아니다. 암탉도 병아리를 키워 오손도손 살고 싶다.

그런데 세상을 보라. 사람들이 마음대로 바꿔 놓은 생명체들을 말이다. 사람들이 열매 따기 편하라고 사과나무의 키는 점점 작아졌고, 정자를 낭비하지 않도록 돼지는 정기적으로 주사를 맞고 거세당한다. 암탉들은 몸조차 움직일 수 없는 좁은 닭장에서 억지 자극을 받고 무정란을 낳는다.

아이들이 동물들 각각에 맞는 음식을 마련해 주려고 고민하는 모습이 참 예쁘다. 그림을 그리는 동안 자기가 엄마가 된 것 같다고 즐거워한다.

"뭐 하나라도 잘못되면 즐겁게 식사를 할 수 없겠어요. 농약을 너무 많이 치면 오염된 풀을 먹고 토끼가 죽을 테고, 토끼가 줄어들면 육식동물들은 살기가 어려워지고 말이에요."

동물을 사랑하는 민송이다.

어른스러운 세현이는 "적당하게, 참 어려운 것 같아요. 조금 부족한 것이 적당한 것 같기도 하고요." 그런다.

"잘 죽는 것도 중요하다는 생각을 했어요. 그래야 무엇엔가 도움이 될 수 있으니까요. '수목장' 아세요? 죽어서 나무에게 거름이 되는 거래요. 죽었지만 다른 생명의 거름이 된다니! '강아지 똥' 같아요."

책 읽는 것을 좋아하는 서연이다운 생각이다.

# 내가 만든
# 장난감

 내가 아이들과 하는 멋진 나들이 중에 '산골 놀이 학교'가 있었다. 이 학교에 가면 아침에 눈을 떠서 밤에 잠이 들 때까지 무조건 놀아야 한다. 책이나 장난감을 가져가면 안 된다. 밥을 남겨도 안 되고, 놀지 않아도 안 된다.

산골에서 뭐 하고 노느냐고? 시간이 없어서 문제지, 놀 게 없어 걱정일 건 없다.

굴렁쇠도 굴리고, 손수 만든 활도 쏘고, 닭도 잡고, 염소한테 풀도 주고, 땅도 파고, 그네도 타야 한다. 여름이면 물고기 잡고, 물총놀이에 하루해가 짧다. 겨울이면 썰매도 만들어 타야 하고, 팽이도 돌려야 하고, 눈썰매도 타느라 추운 줄도 모른다. 밤에는 고구마 먹으면서 오목도 두고 볼펜 축구도 한다. 그런데 사실, 밤에는 재미있게 놀기가 좀 어렵다. 낮에 너무 열심히 놀았기 때문에 저녁 먹고 나면 곯아떨어지기 일쑤다. 헤헤. 최근에 다시 가려 했더니 학교가 사라져 버려 아이들이 무척 아쉬워했다.

네덜란드의 문명사회학자 요한 하위징아는 "놀이는 문화보다 오래된 것이며, 우리의 삶 자체가 놀이다."라고 했다. 놀이는 공동체를 건강하게 만든다. 놀이를 통해 배우고 익히며 타인을 존중하고 배려하는 방법도 알게 된다. 그리고 마음을 나누는 법도 배운다. 우리를 인간답게 만들어 주는 아주 중요한 활동이 바로 놀이다.

친구가 다 돌아가고 나면? 친구들 여럿과 노는 게 힘들다면? 장난감이 없다면? 이제 못 노는 걸까?

작은아이는 초등학교 6학년부터 중학교 2학년 때까지 운동을 했다. 학교가 끝나면 저녁 때까지 매일 훈련이었다. 시합 일정이라도 잡히면 주말에도 아침부터 저녁까지, 방학 때도 아침부터 밤까지 매일매일 훈련이었다. 게다가 저녁엔 공부도 해야지 엄마가 책도 읽으라고 던져 주지. 때문에 혈기왕성한(?) 그 시절 놀기가 어려웠다. 그렇다고 욘석이 안 놀았겠는가. 놀았다! 못 놀면 살아 있는 것이 아니니 혼자라도 기를 쓰고 꾸역꾸역 놀았다.

어렸을 때 작은 초록 말 한 마리를 무척 아꼈던 기억이 있다. 말 엉덩이에 긴 줄이 달려 있고 줄 끝에 달린 펌프를 누르면 말이 다그닥다그닥 달리는 말 장난감이었다. 이불을 구깃구깃하게 해 놓고는 말을 타고 언덕을 넘는 상상을 했고, 딱딱한 책상 위를 달릴라치면 따가닥따가닥 경쾌한 말발굽 소리가 났다. 내가 펌프 누르는 것을 멈추기라도 하면 말이 죽을 것 같아 미친 듯이, 열심히 눌렀다.

몇 해 전 프랑스의 작은 마법 박물관에 들렀다가 내 초록 말의 친구들을 만났다. 마술에 필요한 가면, 카드, 컵, 밧줄, 공, 링, 모자, 동전 같은 여러 마술 도구와 오래된 인형들, 착시 거울, 오토마타 장난감들이 전시되어 있었다.

마법 박물관 전시실에서 어릴 적 꿈이 실현된 공간을 만난 것 같아 유리벽에 들러붙어 좋아라 했다. 내가 무슨 피터팬 증후군 같은 걸 앓는 게 아니라 작은 움직임과 변화에도 신기해하고 즐거워하던 어린 시절을 만난 게 반가웠다고나 할까. 초록 말이 그곳에서 내가 오기를 기다리고 있었던 것만 같았다.

'나 잘 컸지? 이젠 너 없이도 잘 달려. 그게 가끔 너무 서러울 때도 있지만.'

그뒤 초록 말을 한 마리 샀다. 문방구나 마트에서 사기가 어려워 재래시장을 돌아다니다 겨우 찾았다. 그러고는 집에 와서 작은아이에게 주었다.

"이거 오늘부터 네 말이야. 잘 키워 줘. 너무 사랑해서 공기를 빨리, 많이 넣어 주면 공기 주머니가 터져 죽을지도 몰라. 달리는 연습을 너무 많이 하면 다리가 고장 날 수도 있는데 수술하기는 엄청 어려워. 그러니까 아끼는 마음으로 같이 산도 넘고 강도 건너. 언젠가 이 녀석이 떠나도 슬퍼하지 말고. 어디선가 너를 기다릴 테니까."

작은아이가 이 말을 잃어버릴 때쯤, 아이는 멋진 어른이 되어 있을 게다. 내가 그랬듯이 말이다.

## ★ 구슬 미로 게임

**준비물** 상자, 우드락, 유성펜, 구슬시침핀, 구슬, 칼, 자, 풀 등.

**1** 우드락에 구슬이 지나가는 길을 재미나게 그린다.

**2** 상자에 우드락을 경사지게 끼우고, 구슬이 통과할 구멍도 만들어 끼운다.

**3** 구슬이 지나갈 길을 색핀을 꽂아 만든다. 위에서 구슬을 굴려 길을 지나 아래 구멍에 들어갈 수 있게 잘 조정한다.

## ★ 인형 축구 게임

**준비물** 상자, 우드락, 유성펜, 색연필, 칼, 자, 본드나 풀, 스티로폼 공이나 쿠킹호일 등.

**1** 종이에 선수를 그린 다음, 예쁘게 색칠해 기다란 우드락이나 막대기에 붙인다.

**2** 상자에 막대기를 넣고 이리저리 움직여 골을 많이 넣는 팀이 이긴다. 공은 쿠킹호일을 뭉치거나 스티로폼에 그림을 그려 만든다.

"왜 놀아야 할까?" 하고 아이들에게 물으면 얼마나 신나게들 떠들어 대는지, 깜짝 놀라실 거다.

요즘은 어른이 된 뒤에도 아이들의 물건이나 문화를 즐기는 어른아이가 많아졌다. 경제력을 갖춘 '키덜트'들은 어린 시절 선호했던 캐릭터가 담긴 장난감을 찾아다닌다. 적게는 몇천 원에서, 많게는 몇백만 원까지 해도 산다. 장난감을 통해서 순수함, 즐거움, 꿈, 재미 등을 채우려는 것이다. 동호회나 모임, 온라인에서 정보를 주고받고 자신들의 개성을 표현하며 매우 적극적으로 자신들의 문화를 만들어 간다.

'피터팬 증후군'은 어른이 되고 싶지 않아 가족과 자기가 속한 사회에 대한 책임을 회피하려는 무의식적 심리 상태를 일컫는다. 키덜트가 되거나 이런 증후군을 앓는 것은 우리 어른들이 어릴 때 제대로 못 놀아서 그런 게 아닌가 싶다. 다른 대상을 통해 나를 말하고, 더 나은 대상을 구하는 것이 자신이 더 성장하는 것처럼 느껴지는 것, 물질에 대한 욕망을 장난감에 투사하여 정화하려고 하는 것일지도 모르겠다.

아무튼 아이들이 놀 환경과 기회를 빼앗는 사람이 엄마가 된 웬디라면 너무 슬프지 않은가. 아이들의 순수를 놀이로 지켜 주자!

# 5부
## 이런 것도
## 미술 수업이라고?!

◆ 그림에서 음악이 들려요
◆ 자연을 위한 집
◆ 다시는 눈을 감고 싶지 않아요
◆ 주머니 속에 뭐야?
◆ 부엌에서 '하는' 일들
◆ 질문을 만드는 곳 미술관,
　　그리고 박물관

# 그림에서
# 음악이 들려요

"자! 예쁘고 예쁜 어린이 여러분, 오늘은 멋진 노래를 작곡할 겁니다."

"지우개, 지금은 미술 시간이에요. 정신 차리세요."

민경이가 내 얼굴을 잡고 흔든다.

"오늘도 황당 미술 시간이구만. 지우개 이야기를 잘 들어야 해. 안 그러면 오늘 우리가 산으로 간다."

지서가 연필을 손가락에 끼고 흔들며 이런 일은 익숙하다는 듯 아이들을 달랜다.

"난 피아노도 안 배웠는데, 작곡도 안 배웠는데, 안 배워서 할 줄 몰라요."

뭐든지 일등 하고픈 예은이는 눈썹을 찡그린다.

"야! 재미있겠다. 음표도 모르는데 그림으로 노래를 할 수 있다고?"

뭐든 재미있는 다원이가 엉덩이를 들썩들썩한다.

제1차 세계대전이 끝나고 전쟁을 비웃으면서 전통과 합리에만 몰두해 있던 기존 예술에 반기를 들고 일어선 예술가들이 있었다. 이들은 종이를 찢어 던지고는 종이가 떨어진 그 자리에 그대로 그림을 그리거나, 의미 없는 단어를 죽 나열해 놓은 시를 쓰기도 했다. 음악가들은 조가 없는 음악을 작곡하기도 했다.

우연히 만들어진 그림, 우연히 만든 시, 우연히 만든 음악……, 기존 예술과는 완전히 다른 이런 파격적인 예술을 창조한 사람들이 바로 '다다이스트'들이다. 1915년부터 1923년

사이, 다다이스트들은 스위스 취리히와 베를린, 파리 등에서 미술 운동과 반전 활동을 펼쳤고, 이를 사람들은 '다다이즘'이라 불렀다.

다다이스트들은 모든 예술적 인습을 파괴하는 방식으로 작품을 펼쳤다. 기괴하고 불합리하고 환상적인 초현실주의, 표현주의, 개념 미술 같은 20세기 현대 미술은 바로 이 다다이스트들의 실험에서 비롯된 셈이다.

새로움이란 기존의 것을 밟고 서는 것이다. 어제와 다르게 하는 것, 당연해 보이는 것들에 반기를 드는 것, 그 속에서 예술은 탄생한다. 예술가들은 새로움을 위해 자신을 파괴한다. 파괴되고 싶어 한다.

아이들에게 다다이즘 이야기를 해 주면 처음엔 잘 이해를 못 한다. 괴짜처럼 보이는 예술가들의 기행으로만 받아들이기도 한다. 그런데 어느 순간 완전히 열린 마음으로 받아들이는 모습을 확인하게 된다. 세상이 들려주는 소리, 듣고 싶은 소리만 듣고 있는 것은 언제나 어른들이므로.

대개의 사람들은 보여 주는 것, 보고 싶은 것만 본다. 너무 작아서 들리지 않는 소리는 무시하고, 분명히 존재하지만 보이지 않는 것들에 대해서는 생각조차 하지 않는다. 너무 큰 소리에 묻혀 작은 소리가 고결함을 잃을 수도 있고, 크고 멋진 그림만 들여다보느라 아주 작은 그림이 보여 주는 깊은 감흥을 그냥 지나칠 수도 있다. 크고 거대한 것만 좋은 것이 아니다. 작은 것, 볼품없는 것도 다 소중하다.

흔히 인류는 진보해 왔다고 얘기한다. 그러나 생각해 보면 그 진보라는 게 끝없는 전쟁 위에 이루어진 것이다. 잔인한 전쟁으로 수많은 생명이 사라져 갔는데, 무엇이 합리이고 또 무엇이 진보인가.

당연한 것을 당연하지 않은 눈으로 보고, 존재하는 것의 이면을 들여다보는 것이야말로 아이들이 가장 잘하는 일이다.

# 이렇게 진행해 보세요

준비물 8절 도화지, 물감, 붓, 사인펜, 색연필, 가위, 풀.

## ★ 색과 선으로 그리는 음

∗ 다양한 소리를 선과 색으로 표현해 본다. 노랑을 어떻게 하면 빠르고 경쾌한 음악 처럼 보일까? 파랑이 느릿느릿 조용한 음악처럼 느껴지려면 어떻게 그려야 할까?

신나는 소리

은은하게 울리는 종소리

눈 오는 소리

## ★ 그림으로 그리는 음악

∗ 먼저 주제를 정한다. 그런 다음 그 주제를 생각하면 떠오르는 느낌을 다양한 선으 로 자유롭게 그려 본다.

∗ 그린 그림을 이리저리 돌려 보며 떠오른 이미지를 꾸며 본다.

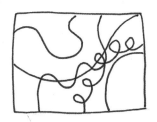
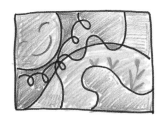

## ★ 그림 합창

\* 다양한 모양의 색이나 선으로 자신의 노래를 그린 뒤, 어울리는 그림끼리 놓아 보며 작곡을 한다. 그림을 배열하며 자연스럽게 균형이나 조화를 공부하게 된다.
"이 파랑은 뾰족한 선인데, 그 옆에 빨강 곡선이 오니까 안 어울려. 여기 어울릴 만한 거 뭐 없을까?"
"초록 직선은 어때? 좀 지루한 것 같지만 그 뒤에 빨강 곡선이 오면 나을 것 같아."

\* 그림들이 조화롭게 놓이면 그림을 보고 허밍을 해 보자. 그림과 노래가 하나가 되는 순간 무척 만족스러워 몇 번이고 다시 불러 보게 된다.


## ★ 모두 다 시다! 노랫말을 만들어 보자

\* 다섯 개에서 열 개쯤 되는 작은 종잇조각을 나눠 갖는다. 그리고 그 종이에 떠오르는 단어를 아무거나 한 장에 한 개씩 쓴다.

\* 각자 쓴 종이를 모아 섞은 뒤 자기가 쓴 개수만큼 단어를 가져와 그 단어들로 시를 짓는다. (예: 단어 - 고하준, 엄마, 사과, 바나나, 구름)

소풍

엄마랑 소풍을 갔어.
앗! 하준이를 만났다!
하준이와 사과와 바나나를 먹고
달리기 시합을 했어.
와다다다!
그러다가 먹구름이
같이하고 싶다고 쫓아오네.

＊아무 연관이 없는 단어지만 단어가 조합이 되며 노랫말이, 시가 되는 즐거움을 맛볼 수 있다.

＊그렇게 지은 시를 소리 내어 읽어 보고 친구의 시로 그림도 그려 보자.

코끼리    사과    모자    배

같이
얘기해 보아요

화려한 색채 표현으로 유명한 로베르 들로네, 프란티셰크 쿠프카, 프란시스 피카비아의 그림을 감상해 보자. 그들의 그림을 자세히 보면 색들이 마치 음악을 연주하고 있다는 생각이 든다. 대상을 묘사하는 것이 아니라 자유롭고 역동적인 색채가 시적이면서도 음악적으로 그려진 작품들이다. 조화롭지 않은 색들은 빠르게 움직이면서 높낮이가 있는 음으로, 조화로운 색들은 속도가 느린 음악처럼 들린다. 또 둥근 원은 색을 조합하고 분해하는 지휘자처럼 보인다.

물론 아이들은 또 다르게 보고 느낄 것이다. 색과 형태들은 다양한 감정으로 감동을 주는 음악처럼 느껴진다. 선과 색채로 노래를 만드는 마술 같은 일이다. '오르피즘'이라는 용어는 몰라도 좋다. 아이들과 그림을 음악으로 만드는 일을 신나게 해 보자.

그림을 그린 뒤에는 아이들에게 꼭 그림을 이야기해 달라고 하자. 어른들이 미처 보지 못한 것이 있을 수 있기 때문이다. 그림 수업을 하는 것만큼이나 중요하다.

아이들은 춤추는 법을 배우지 않아도 춤을 출 수 있고, 음악을 듣지 않고도 음을 떠올릴 수도 있으며, 색을 보지 않고도 그려 낼 수 있다. 그럴 기회를 빼앗지만 않는다면. 놀이로 시작해 세상을 만나고, 스스로 진리를 탐구할 기회를 주자.

그리고 아이들에게 꼭 말해 주자. 너희 소리가 작아서 어른들이 혹시 못 듣고 가 버리면 몸짓으로라도 꼭 신호를 보내 달라고 말이다. 꼭꼭 찾아가서 들어 준다고.

# 자연을
# 위한 집

그림 공부를 같이 하는 아이들과 지리산에 다녀왔
다. 깜깜한 밤에 도착해서 별빛만 가득한 산길을 걸어야 했다. 아
이들은 깜깜한 산에서 보는 수많은 별에 감탄하며 깊은 산속에 있
는 숙소로 향했다. 길옆이 절벽인지 도로인지 하나도 보이지 않았다.
하늘을 빼꼭히 채운 별들만이 우리가 지리산에 있다는 걸 알려 주었다.

드디어 새벽! 아이들을 흔들어 깨워 산속 마을 산책에 나섰다. 눈 부비며 겨우 나선 산책
길에 아이들은 연신 감탄사를 터뜨렸다.

"아니, 우리가 이렇게 깊은 산에 들어와 있었단 말이에요?"

"오늘 여기보다 더 높은 곳으로 오를 거라고요?"

"저기, 저기에도 집이 있어. 저런 데도 집을 짓고 사네."

"공기가 너무 맑아 가슴이 쨍해요. 난 고산증인가 봐, 낄낄."

"이 마을이 우리 동네 앞산 정상 높이에 있는 거래. 그럼, 우린 산꼭대기에서 잔 거야?"

아이들은 해님도 아직 못 일어난 산속 동네를 돌아다니다가 우리보다 더 먼저 일어나 하
루를 연 어른들을 보고 또 한 번 놀랐다. 벌써 고추밭에 물 주고 들어가시는 할머니, 이 새
벽에 누가 온다고 가게를 벌써 열어 말린 나물들을 내놓은 아주머니, 새마을 모자를 쓰고
수레를 끌고 가는 할아버지……. 아이들은 꾸벅꾸벅 인사를 한다.

집들도 도시와는 사뭇 다르다. 높고 비탈인 지형에 맞춰 크기도 작고 오종종한 집들이
많다. 주로 길가에 있는 가게들은 앞쪽이 넓고 좌우로 길고, 마을 사람들이 사는 집들은 참

작고도 작다. 이 조그만 집에 몇 명이나 들어갈 수 있을까 싶을 정도로 작다. 그래서 그런지 집이 잘 보이지 않는다. 나무 뒤에 집 한 채, 덤불 뒤 또 집 한 채, 오솔길 가다 갑자기 오른쪽에 집 한 채 나타나는가 하면, 우거진 풀 한켠에서도 난데없이 또 집이다. 그 작은 집마다 예쁜 꽃을 키우는 꽃밭이 있고, 나무 몇 그루도 함께 있다. 집과 집 사이 길도 모르고 지나가면 그저 풀만 무성한 곳이다. 참으로 자연을 닮은 집들이었다.

큰 산 지리산은 사람들이 자기 속 깊은 곳까지 들어와 사는 것을 너그러이 품어 주고 있었다. 사람들은 감사하는 마음을 담아 집을 지었다. 그러니 집이 산을 해치지 않게 지어져 있는 것이겠지. 산은 사람들에게 먹을 것을 주고, 살 길을 마련해 주었다.

오스트리아의 건축가이자 화가, 환경운동가인 훈데르트바서는 집을 '제3의 피부'라고 했다. 몸을 싸고 있는 진짜 피부, 그 위에 입는 옷 다음으로 우리를 감싸고 보호해 준다는 뜻이리라.

"우리는 자연의 손님이다."

우리가 자연의 일부임을 강조하는 작업들을 해 온 작가의 말이니 묵직한 무게감이 느껴진다. 훈데르트바서가 쓴 글 중에 〈자연과의 평화 조약〉이 있다.


1. 우리는 자연과의 의사소통을 위해 자연의 언어를 배워야 한다. (자연과의 소통)

6. 우리는 단순히 자연의 손님일 뿐이며, 그에 따라 행동해야 한다. 인간은 지구를 파괴해 온 가장 위험한 기생자이다. 인간은 자연이 재생할 수 있도록 자신의 생태적 위치로 돌아가야 한다. (자연의 재생)

7. 인간 사회는 다시 쓰레기 없는 사회가 되어야 한다. 자신의 쓰레기를 존중하고 재활용하는 사람만이 죽음을 삶으로 변화시킨다고 말할 수 있다. 왜냐하면 그들은 순환을 존중하고 생명이 재생하여 지구에서 계속될 수 있도록 하기 때문이다. (자연의 순환)


《훈데르트바서 2010 한국전시》, 마로니에북스 편집부 엮음, 마로니에북스, 2010


이런 자세로만 산다면 아무 걱정이 없겠지.

**준비물** 풍경 사진, 스케치북, 가위, 풀, 연필, 지우개, 사인펜, 색연필.

\* 멋진 풍경 사진에서 일부분을 가위나 칼로 오린 다음, 그 자리에 살고 싶은 집을 그려 보자. 그러면 신기하게도 아이들은 최대한 자연을 보존하는 방식으로 집을 짓기 위해 고민한다.

\* 자원 낭비를 최소화해 환경에 해를 덜 끼치는 친환경 건축과 주변 환경과 조화를 이루고 생태를 보존하는 자연 친화 건축에 대해 이야기해 보자.

\* 나무, 흙, 돌 같은 자연에서 나온 재료나 재활용 재료들을 이용해 짓는 집을 설계해 보자.

같이
얘기해 보아요

자연은 나 혼자 소유할 수 있는 게 아니다. 살고 싶은 곳을 정했다면 그곳의 자연과 어떤 이야기를 나누게 될지 상상해 보자. 숲속에 집을 짓는다면 숲이 이렇게 말할지도 모른다.

"내 숲에 있는 나무는 하나도 건드리지 마. 저 큰 나무는 내 오랜 친구고, 이 어린 나무는 사랑스럽잖아. 정 집을 지어야겠다면 태풍 때 쓰러진 나무를 써. 그치만 그 자리도 풀과 버섯, 작은 곤충 들의 터전이야. 그런데 꼭 이 숲에 집을 지어야겠어? 그리고 물도 걱정이야. 여기서 네가 쓴 더러운 물을 어디다 버릴 작정이야?"

그러면 나는 숲에게 이렇게 말하겠다.

"그럴게요. 태풍 때 쓰러진 나무를 찾아 그 자리에 작은 오두막 하나만 지을게요. 작은 벽돌집은 어때요? 흙집도 좋을 것 같아요. 나는 당신을 해치려는 게 아니라 당신과 함께 살고 싶어요. 숲이 준 모든 것에 감사해요. 햇볕과 맑은 공기, 열매도 고맙고, 모든 생명이 더불어 살아갈 수 있도록 해 주는 것도 고마워요. 물은 최대한 피해를 끼치지 않게 노력할게요. 어때요, 우리 같이 살 수 있겠지요?"

그림만 그리려고 하면 몸이 배배 꼬이는 민기의 스케치북이 오늘도 허허벌판이다.

"민기 집은 이 아름다운 숲 어디쯤에 있을까?"

"하하, 잘 찾아보세요. 근데 절대 못 찾으실걸요! 여기에 집을 짓지 않았거든요. 도저히 지을 수가 없어요. 제가 집을 지으면 다람쥐 집도 사라지고, 버섯들도 없어질 거잖아요. 그냥 지금 사는 집에 엄마랑 살래요. 그래도 행복하고 좋아요."

아이들에게 풍경 사진을 잘라서 자기가 살고 싶은 집을 그리라고 하면 풍경이 아름다울수록 잘라 내는 것을 망설인다. 이렇게만 되어도 자연을 사랑하는 마음을 벌써 갖게 된 것이라고 지우개는 확신한다. 민기도 집을 그리지 못해서, 그리기 싫어서 말로만 그러는 것이 아니라는 것도 지우개는 확신한다. 그치, 민기야!

# 다시는
# 눈을 감고 싶지 않아요

**이번엔 고전과 함께하는 미술 수업이다.** 플라톤의 《국가론》
에 나오는 '동굴의 비유' 이야기를 만화로 한번 그려 보기로 했다.
먼저 '동굴의 비유' 이야기를 열심히 들려주었다.

동굴 속에 벽을 마주 보고 앉아 있는 사람들이 있다. 사람들 뒤로는
불이 피워져 있다. 사람들과 불 사이로는 간수도 지나다니고, 동물들도 지나간다. 앉아 있
는 사람들의 손발은 묶여 있고, 고개를 돌릴 수도 없다. 그저 일렁이는 불빛이 동굴 벽에 드
리우는 온갖 그림자만 볼 수 있을 뿐. 그러면서 벽에 드리워진 그림자의 세계가 진짜 세상
이라고 믿게 된다.

그러던 어느 날, 묶여 있던 사람들 중 한 명이 동굴 밖으로 나오게 되었다. 오랫동안 어두
운 동굴 속에 있다가 환한 세상으로 나오니 눈이 부셔 앞이 잘 보이지 않는다. 그러니 여기
저기 부딪혀 상처투성이가 되었다. 그러나 얼마 안 가 밝은 세상을 제대로 볼 수 있게 되었
고, 자기가 본 진짜 세상을 동굴 속 사람들에게 알려 주려고 동굴로 돌아가게 된다. 밝은 세
상에 있다가 동굴 속으로 들어가니 다시 적응을 못 해 온통 상처투성이가 되고 만다. 어렵
게 돌아간 이 사람은 자신들이 지금까지 본 것은 그림자라고, 진짜 세상(이데아)은 저기 동
굴 밖에 있다고 말해 주었다. 그러나 동굴의 사람들은 그걸 믿지 못하고 진실을 이야기하
는 그를 미치광이 취급한다.

읽을 때마다 새로운 생각을 하게 만드는 대목이다. 처음엔 당연히 동굴 밖으로 나간 사
람에게 감정이입을 했다. 그러다 어느 순간 그런 생각을 하게 됐다. 동굴 속에서 살던 대로

살아가기로 한 사람들, 그게 바로 내가 아닐까? 어쩌면 지금의 나는 동굴 속에서 이미 그림자가 가짜란 걸 깨달은 건 아닐까? 알면서도 손발이 묶인 채 꼼짝을 못 하니 그림자를 실제로 생각하기로 '결정'해 버린 건 아닐까? 진실은 두려운 거지만 반드시 마주 봐야 하는 건데, 불의 앞에서 눈을 감아 버리고 있는 동굴 속 사람들이 바로 내가 아닐까? 하고 말이다.

나에게는 밀실 공포증이 있다. 동굴에 들어가 있는 상상만 해도 답답해진다. 그런데도 온갖 동굴이란 동굴은 죄다 기어들어가 봤다. 그게 화산 동굴이든 석회암 동굴이든 가리지 않고, 그게 한국이든 외국이든 가리지 않고. 심지어 어둡고 좁고 컴컴한 지하로 내려가지 않을 수 없는 파리의 하수도 박물관, 와인 저장 동굴까지 들어가 봤다. 플라톤의 이데아 이야기를 들려줄 때면 아이들에게 내 밀실 공포증 이야기도 해 준다. 봐라, 나는 그 두려움을 다 이기고 이런저런 동굴에 다 가 봤다. 너희들은 어쩔래? 동굴 속에서 평생 벽이나 쳐다보며 살래, 아니면 세상 밖으로 나가 볼래?

그러면서 또 이야기한다. 사실 내가 가장 두려운 건 동굴 자체가 아니라, 동굴이 전부인 줄 알고 살아가는 사람들을 그대로 두고, 나 혼자 동굴 밖에서 살아가야 하면 어쩌나 싶은 거라고. 동굴 밖으로 혼자 나가는 건 어쩌면 아무나 해낼 수 있는 일일 것 같다. 그러나 모두를 데리고 함께 나가는 건 아무나 할 수 없는 일이니까.


연암 박지원의 《열하일기》 중에서 〈환희기〉 편에 이런 얘기가 나온다. 장님이 평생 소원대로 눈을 뜨게 되었는데, 기뻐하며 막상 집으로 돌아가려 하자 집으로 가는 길을 못 찾겠더란다. 눈 감고는 잘 찾아왔던 길이 눈을 뜨니 그만 낯설어진 것이다. 그러다 도로 눈을 감았더니 길을 잘 찾아가게 되었다.

그 대목을 읽는데 정덕이가 그런다.

"선생님, 눈 뜬 소경이 집으로 돌아가지 못해 울잖아요. 물론 다시 눈을 감고 가면 예전처럼 더듬어서 집을 찾아갈 수 있겠지요. 그치만 저라면 말이에요. 설령 집에 돌아갈 수 없더라도 한 번 떴던 눈을 다시 감을 수는 없을 것 같아요."

이 얼마나 엄청난 철학자의 말인가? 연암 선생은 눈에 보이는 것에 현혹되는 일을 경계하라는 가르침을 주려고 이 이야기를 꺼낸 거지만, 이 아이는 연암이 주려고 했던 이야기보다 새로운 세상을 만난 기쁨을 온전히 누리고 싶은 마음을 더 크게 읽은 것이다. 이 아이의 얘기를 들었다면 박지원도 껄껄 웃었을 것 같다. 별명도 '껄껄 선생'이니 오죽하시겠는가.

아무튼 어른들이 무슨 얘기를 하고 싶은지와는 상관없이 제 나름의 잣대로 세상을 배우고, 익히고, 흡수하고 또 내뱉는 것이 바로 아이들이다. 그런 아이들이니 어른들도 고개를 절레절레할 만큼 어렵다는 '동굴의 비유'를 만화로 만들어 낄낄대고, 뿌듯해할 수 있는 것이다. 아이들의 만화에는 어떤 철학자의 설명보다 명쾌한 지점이 있다.

물론 《국가론》 자체만으로도 할 얘기가 참 많다. 가장 살기 좋은 나라는 어떤 나라일까? 정의란 무엇일까? 정의로우면 더 행복할까? 물론 아이들이 가장 좋아하는 대목은 언제나 '동굴의 비유'다.

박물관 학예연구사 한 분이 '징검다리 역사 공부'란 걸 알려 주셨다. 인물이나 사건을 하나씩 재미있게 공부하다 보면 나중에 얼개가 엮여 큰 그림을 보게 된다는 얘기였다. 고전도 그렇다. 때가 되어 전체를 읽는 것도 좋지만 '동굴의 비유'처럼 이야기 하나가 생각을 자라게 하는 실마리가 된다면 그것도 좋지 않겠는가. 고전이 어렵지 않게, 쉽게 다가올 것이다.

'동굴의 비유' 이야기를 듣고, 해인이가 그 이야기를 대사 없는 만화로 그려 냈다. 동굴에 갇힌 사람들, 작은 고양이가 큰 호랑이처럼 보이는 동굴 속 상황, 밖으로 나온 한 사람이 진실을 알고 다른 사람들에게 알려 주기 위해 다시 돌아가는 모습까지, 제법 충실하게 고전을 소화해 제 나름의 이야기로 풀어낸 게 기특하다.

# 이렇게 진행해 보세요

**준비물** 8절 도화지, 연필, 지우개, 펜, 자 등.

＊고전을 만화로 작업하는 이유는 아이들이 좋아하는 친근한 방식의 그림 작업이기 때문이다. 글도 간단하게 적어 넣어 서사를 만들 수 있어서 어려운 내용도 쉽게 접근할 수 있는 좋은 미술 수업이다.

＊만화를 그리려면 칸을 꼭 여러 개로 나누어야 한다고 생각하는 친구들이 있다. 아니다. 그저 장면만 달리 그리면 되니 자유롭게 구성해 보자.

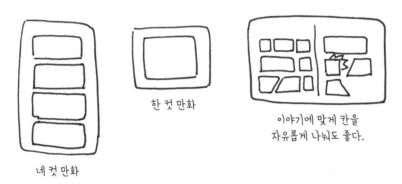

네 컷 만화

한 컷 만화

이야기에 맞게 칸을 자유롭게 나눠도 좋다.

＊말풍선, 효과음, 효과선 등을 적절히 넣으면 이야기의 전개도 빨라지고 더 재미있다.

＊있는 그대로 그리기보다는 과장하거나 생략하면 그림이 더 재미있어진다. 표정을 표현할 때도 눈이나 입을 크게 그리거나 코를 빼고 그리는 식으로 자유롭게 그리면 더 생생한 그림이 된다.

＊이야기 속 캐릭터를 만들어 보는 것도 재미있다.

**같이
얘기해 보아요**

고전으로 하는 수업은 준비하는 선생은 고역이지만(무슨 말인지 알아야 하니 책을 읽고 읽고 또 읽고, 묻고 묻는다), 아이들은 만족감이 무척 크다. 대단한 철학자 플라톤을 만난 것도 반갑고 동굴 속에 들어가지도 않았는데 뭔가 깨달음을 얻은 것 같다.

해인이는 글 없는 만화를 그렸는데 이야기를 나눠서인가 아이들 모두 그림만 보고도 고개를 끄덕인다.

늘 엄마 사랑 가득한 창안이가 "선생님, 우리 엄마도 이걸 알까요?" 하고 묻는다.

자기가 맛본 지혜의 기쁨을 엄마에게 전해 주고 싶은가 보다.

"물론이지."

"아닌데. 잘 모르시는 것 같은데. 안다면 그러지 않으실 텐데……."

창안이 엄마가 뭘 모르고 뭘 그러셨는지 모르겠지만, 덕분에 모두 한바탕 웃었다.

# 주머니 속에
# 뭐야?

호주머니, 뚜껑 있는 상자나 그릇, 서랍, 금고.

이것들의 공통점은? 헤헤, 내가 정말 좋아하는 것들!

그리고 손을 넣거나 열어 보지 않으면 안에 무엇이 들어 있는지 모른다는 것! 모른다는 건 호기심을 자극한다.

호주머니에 불룩하게 뭔가를 집어넣고 가면 아이들이 궁금해서 모여든다. 그러나 아주 위험한 물건이 들어 있다고 하면 손을 넣을 엄두를 못 낸다.

생일 선물 상자도, 할아버지의 꿀단지도 뚜껑을 열기 전까지는 안에 무엇이 들어 있는지 알 수 없다. '판도라의 상자' 안에 뭐가 들어 있는지 미리 알았다면 그렇게 열어 보고 싶어서 안달하지 않았을 것이다.

오스트리아의 물리학자 에어빈 슈뢰딩거가 고안한 '슈뢰딩거의 고양이' 실험도 마찬가지다. 여기, 상자 안에 고양이 한 마리가 있다. 상자는 완전히 밀폐되어 있다. 그런데 문제는 상자 안에 고양이를 위협하는 독가스 통 역시 들어 있다는 것. 독가스 통은 방사능을 검출하는 기계 장치와 연결되어 있어서, 방사선이 감지되면 밸브가 열리는 구조다. 만약 밸브가 열리면 고양이는 독가스를 마시고 죽게 된다. 기계 장치 위에는 한 시간에 50퍼센트의 확률로 핵이 붕괴해 방사선을 내뿜는 물질이 있다.

그렇다면 한 시간이 흐른 후에 고양이는 살아 있을까? 죽어 있을까? 살아 있을 확률도 50퍼센트, 죽어 있을 확률도 50퍼센트다. '죽어 있거나 혹은 살아 있거나'이다.

그런데 슈뢰딩거의 고양이에게는 그런 확률이 통하지 않는다. 실험을 하는 사람은 상자를 열어 보기 전까지는 안에서 어떤 일이 벌어지고 있는지 알 수 없다. 그러니 상자를 열어 보기 전에는 두 개의 세계가 동시에 존재하는 것이다. 살아 있는 상태와 죽어 있는 상태가 '중첩'되어 있다가, 상자를 여는 순간 한 가지 상태로 확정된다. 붕괴하지 않은 핵과 살아 있는 고양이, 혹은 붕괴한 핵과 죽은 고양이, 둘 중 하나겠지.

직접 확인해야 상태를 알고, 또 확인하는 과정에서 상태가 결정된다. 그럼 반쯤 살고 반쯤 죽은 상태는 어떤 것일까? 삶과 죽음이 공존하는 이 아이러니를 어떻게 생각해야 할까?

슈뢰딩거의 고양이 실험은 실제로 실험실에서 해 볼 수 없어서 상상 속에서만 해 보는 '사고 실험'이다. 슈뢰딩거는 양자와 같은 미시세계에서 일어나는 일은 거시세계에서도 똑같이 일어나야 한다며 이런 실험을 제안했다. 어떻게 고양이가 죽어 있으면서 살아 있을 수 있느냐고 반문하면서.

그런데 미시세계에서는 이런 일들이 벌어지고 있다. 이 실험은 현대 물리학을 대표하는 학문인 양자역학 얼마나 불완전한지 보이기 위해서 제안한 실험이었는데, 오히려 양자역학의 특징을 잘 보여 주는 실험이 되었다. 미시적인 사건이 거시적인 세계에 영향을 끼치는 것에 대한 불안정함, 물질에 대한 인간의 인식과 인식의 한계를 인정함으로써 양자역학은 현대 철학에도 큰 영향을 주었다.

이번 미술 수업에도 이와 비슷한 두 세계가 등장한다. 경험한 것으로 미지의 세계를 추측하고, 실제와 추측이 공존하는 미술 놀이의 세계로 가 보자.

준비물 주머니나 상자, 다양한 도구들, 스케치북, 연필, 지우개.

## ★ 주머니 속 물건 알아맞히기

* 주머니나 상자에 아이들이 모르는 물건을 넣어 둔다. 아이들이 잘 쓰지 않는 주방 용품이나 공구들, 아이디어 상품 같은 것도 좋다.

* 주머니에 한 손을 넣어 물건을 만져 본 뒤 느낌을 되살려 그림으로 그려 본다. 눈 으로 본 것처럼 정교하게 그린 다음 그 물건의 용도가 무엇인지 적어 보자.

* 주머니에서 물건을 꺼내 실물을 그리며 원래의 용도가 무엇인지 알아보자.

* 두 그림을 같이 놓고 어떤 부분이 다르게 표현되었는지 이야기해 본다.

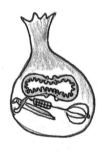

손으로 만져 보고 그린 그림

옷걸이인가?
안이 울퉁불퉁하다.
고무로 만들어졌다.

실제로 보고 그린 그림

병뚜껑 따개다.
꽉 조여진 뚜껑에 끼워서
돌리면 잘 열린다.

**같이 얘기해 보아요**

양자역학의 개념을 제대로 몰라도 상관없다. 양자역학의 개념에는 상식을 뒤집는 이야기가 많아 물리학자들조차도 제대로 이해하기 힘들다고 할 정도니까. 그래서 어떤 물리학자는 "양자역학은 이해하는 게 아니라 익숙해지는 거."라는 우스갯소리를 하기도 했다.

아이들과 함께할 때는 맛보기 정도로 양자역학의 개념을 쉽게 풀어서 들려주자. '슈뢰딩거의 고양이' 실험은 아이들도 흥미를 가지고 이해하기도 쉽고, 생각을 더 펼쳐 보기에도 좋다.

우리가 상자 안 물건을 탐색한 과정과 생각하는 방식이 과학적 사고방식과 다르지 않다고 이야기해 주니, 아이들이 이런다.

"뭐야? 미술 시간이야, 과학 시간이야, 철학 시간이야?"

"상자를 열어서 고양이를 꼭 확인해야 해요? 고양이를 죽이지 않을 방법은 없어요?"

"손으로 만져 보고 그림 그려서 어떤 물건인지 추측해 가는 것이 퍼즐 맞추는 것처럼 재미있어요. 아예 부숴 놓고 원래 어떤 조각이었는지 찾아가면 더 재미있겠어요!"

"깜깜한 상자에 처음 손을 넣을 때는 두려웠어요. 뭐가 들어 있을지 모르잖아요. 근데 만져 보니 마늘 부수는 도구네요. 별것도 아닌데 모르니까 엄청 무서워요."

자, 이제 다들 주머니에 손을 넣어 보자. 그리고 주머니에 뭐가 들었는지 맞혀 보자!

# 부엌에서
# '하는' 일들

지호랑 동호 형제는 주말마다 시골에 내려가 농사를 짓고 있다. 벌써 4, 5년 정도 되었다. 서울 한복판에 사는 아이들이 주말마다 농사를 지으러 엄마랑 시골에 간다는 건 쉬운 일이 아니다. 형제는 뙤약볕에서 풀도 매고, 염소 먹이도 주고, 고구마도 캐고, 고추도 따느라 늘 새까맣다.

머리 쓰던 사람은 머리 쓸 일 없어지면 굶어 죽지만, 몸 쓰던 사람은 몸만 건강하면 굶어 죽지는 않는다는 게 형제 엄마의 생각이다. 그래서 아이들에게 가르쳐야 할 중요한 덕목 중 하나가 일을 하는 것이라 여긴다.

나 또한 같은 생각이다. 자립의 기본은 제 몸을 쓰는 일이다. 그런데도 우리는 아이에게 아무 일도 시키지 않는다. 아이들도 스스로 찾아서 할 생각이 없다. 자기가 먹은 밥그릇을 싱크대에 갖다 넣는 정도 가지고 유세다. 빨래를 걷어 갠다거나, 제 방을 깨끗이 치운다거나, 쓰레기를 버리는 일상적인 일도 하지 않는다. 그러니 물 한 잔이라도 가져오라고 하면 보는 사람이 더 위태위태하다.

《학문의 즐거움》을 쓴 히로나카 헤이스케는 하버드 대학교 교수였고, 수학의 노벨상이라는 필즈 메달까지 받은 유명한 수학자인데, 학창시절 학교 끝나고 집에 와서 공부를 하면 아버지가 밭으로 불러내 거름통을 짊어지게 하고 일을 시키셨단다. 사람이 살아가는데 필요한 건 일이라고. 몸을 쓰는 것이 살아가는 데 가장 필요한 기본이라고 생각하신 아버지는 늘 분주하게 일을 하고 자식들에게도 일을 시켰다고 한다. 그래선지 헤이스케는 일이 공부에 지장을 주지는 않는다고 한다. 오히려 일이 공부의 원동력이 된다고 하니 그런 의미에서 이번엔 일을 좀 해 볼까 한다.

먼저, 아이들과 '하다'라는 동사로 이야기를 나눠 보자. 움직이는 것, 살아 있는 존재가 실현하는 주체적인 동사, '하다'. '하다'를 스스로 많이 해야 주체적인 삶을 꾸릴 수 있다.

공부하다, 운동하다, 요리하다, 청소하다, 생각하다, 사랑하다······.

이 중 내 생명을 유지하는 데 가장 중요한 동사는 '요리하다'가 아닐까. 살아가는 데 필요한 음식을 만드는 공간이 부엌이다. 예전엔 남자들에게 '부엌 입장 불가'라는 금기가 있었다면, 요즘엔 아이들에게 한 자라도 더 공부하라고 '부엌 입장 불가'다. 나를 살리는 공간인 부엌에선 몸을 움직이지 않으면 아무것도 얻을 수 없다. 음식은 철저한 노동의 산물이다. 맛있는 음식을 잘 먹고 나면 '요리'라는 노동은 새로운 에너지로 바뀐다.

텃밭에서 먹거리를 키우고 거두는 것도 노동이고, 그렇게 거둔 농산물을 부엌까지 가져오는 것도 노동이다. 농산물을 지지고 볶아 요리로 만드는 것도 노동이고. 매순간 새로운 에너지를 만들기 위해 노동해야 한다.

씻는다, 벗긴다, 썬다, 찧는다, 볶는다, 튀긴다, 찐다, 뒤집는다, 반죽한다, 굽는다, 섞는다, 흔든다, 가라앉힌다, 짠다, 본다, 잰다, 던다, 뿌린다, 냄새 맡는다, 맛본다, 모양을 만든다, 뜬다, 친다, 붓는다, 닦는다, 비빈다, 젓는다, 찍는다, 쌓는다, 접는다, 나눈다, 뜸 들인다, 거른다, 우린다, 건져 낸다, 꾸민다, 놓는다, 씹는다, 삼킨다, 간 본다, 뱉는다, 버린다, 녹인다, 얼린다, 건조시킨다, 정리한다, 요리를 하며 노래를 한다······.

부엌에서 행해지는 동작만도 50개를 훌쩍 넘는다. 한 끼, 한 그릇의 음식에는 한 치의 거짓이 없다. 애쓰고 노력한 만큼 먹을 수 있다. 왕이라고 해서 하루에 열 끼를 먹거나 수십 가지 음식을 한꺼번에 다 먹을 수는 없다. 인간이 먹을 수 있는 양은 정해져 있고, 최소한의 먹거리를 위해 내 몸을 움직이는 것은 마땅하고도 당연하다.

**장소 부엌**

**준비물** 스케치북, 연필, 지우개, 색연필, 사인펜 등.

\* 몸의 움직임을 나타내는 단어를 찾아 적어 보자.

스케치북이나 공책에 칸을 나눠서 정리를 해야 같은 단어를 또 적지 않는다.

\* 도화지에 보기 좋게 구성해서 요리하는 순서를 쓰고 동작을 그린다.

요리를 함께하면서 동작을 찾으면 더 쉽다.

\* 불이나 칼 같은 것을 다룰 때 주의할 점도 일러 준다. 방법을 잘 알면 다치지 않고 쓸 수 있다. 그래도 불안하면 어린이용 도구를 따로 준비한다.

식구들이 맛있는 밥을 먹을 수 있도록 해 주시는 분께 감사 인사를 드리자.

"우리가 먹는 고추장, 된장은 할머니께서 담가 주시는 거야. 좋은 콩을 골라 깨끗이 씻고 삶아 찧은 뒤 메주를 만들고, 그 메주를 잘 말려 두었다가 고추장, 된장을 만들어. 좋은 콩, 맑은 물, 좋은 소금도 필요하지만 할머니 손맛과 정성이 들어가지 않으면 안 돼. 사 먹는 거랑은 비교도 안 되게 맛있고 건강에도 좋지. 할머니는 장 만드는 것이 쉽다고 하시지만 엄마는 아직 익숙지가 않아서인지 힘들어. 잘 배워서 엄마가 직접 만든 된장으로 맛있는 된장찌개 끓여 줄게."

같은 면 요리라도 스파게티, 칼국수, 우동 모두 만드는 방법이 조금씩 다르다. 음식마다 다른 조리법과 과정도 설명해 주면 좋다.

아이들이 서로 동작을 먼저 말하려고 난리다.

"부엌에서 이렇게 많은 일을 하는지 몰랐어요. 진짜 바쁘고 복잡하네요."

먹는 것에 관심이 없는 지수가 놀란다.

"엄마가 음식 해 주시면 투정 부렸는데 그러면 안 되겠어요. 이렇게 고생하시는지 몰랐어요."

엄마를 무척 사랑하는 서윤이.

"저는 요리사 되고 싶은데 체력부터 키워야겠어요. 요리하려면 팔다리가 튼튼해야겠어요."

엄마가 요리사라 더욱 잘 아는 지현이.

"농부가 키워서 배달하고 판매하고, 그 농산물이 우리 동네 가게로 오고, 엄마가 사 오고 손질해서 음식으로……. 너무나 많은 힘이 들어가요. 참 내, 안 먹을 수도 없고. 적당히 먹어야겠어요."

뭐든 맛나게 먹는 수환이.

부엌에서 요리도 하고, 글도 쓰고, 그림도 그리고, 몸을 써 보자.

살아가는 방법을 익히게 해 주고 살아 있는 공부를 시켜 주는 부엌에 감사하면서.

# 질문을 만드는 곳 미술관, 그리고 박물관

오래전 학교에서 미술을 배울 때 한 선생님께서 이런 말을 하셨다.

"너희들이 다 작가가 되지는 못할 거야. 작가가 되는 녀석도 있겠지만 못 되더라도 훌륭한 감상자는 될 수 있겠지. 그림을 제대로 보는 일도 그림을 그리는 일만큼 어려운 거야."

그때는 모두 화가가 되려는 열정 가득한 학생들이라 기분이 상했지만, 시간이 흐르고 보니 정말 선생님 말 그대로였다. 화가가 된 친구들은 손가락을 꼽을 정도다. 그러면 나머지는 훌륭한 감상자라도 되었을까. 이제 그 친구들도 엄마나 아빠가 되었을 나이인데, 아이들과 미술관에 가면 주로 무슨 이야기를 나눌지 궁금하다.

그런데 많은 아이들에게 미술관은 지루한 곳, 재미없는 곳인 것 같다. 아이들이 미술관을 재미있게 즐기길 바란다면, 가장 먼저 해야 할 일이 있다. 이것저것 알려 주며 예술 작품을 보는 안목을 키워 주는 것? 땡, 틀렸다. 아이가 제 스스로 작품을 온전히 감상할 수 있도록 해 주는 일이다.

"우리 애는 미술관에 가면 그림을 대충 보고 휙 나와요. 시간도 돈도 들여 간 건데 아까워요."

"그림을 어떻게 보는 건지 모르겠어요. 저도 모르니 애한테 이야기를 할 수도 없고요."

"꼭 미술관에 가서 봐야 하나요? 뛰어다니고 만지고 민망해서 못 데리고 다니겠어요."

"미술관에 다녀와도 뭘 봤는지 모르겠대요. 왜 기억을 못 할까요?"

이런 하소연 한 번쯤 해 보셨을 줄 안다. 그림이나 음악, 조각 같은 예술 작품을 감상할 때는 먼저 작품과 만나는 것이 중요하다. 화집이든 미술관이든 라디오에서 흘러나온 음악이든 길거리에서 만난 조각이든 상관없다. 일단 어떤 식으로든 작품을 먼저 만나야 감흥이 돈다.

그런데 우리는 아이들과 미술관이나 음악회에 갈 때 엄청난 양의 정보부터 준다.

"피카소는 말이야, 아주 유명한 스페인 화가야. 그림도 엄청 비싸게 팔리고. 〈게르니카〉는 스페인내전을 그린 그림인데, 그림 속에서 부러진 칼이랑 시체 좀 찾아 봐."

그런 설명을 들으며 전시를 보고 온 아이는 자신만의 피카소를 만나지 못한다. 그러니 재미가 없어 휙 지나가고 기억도 못 한다.

아무리 어리다 해도 그림을 볼 때는 온전히 혼자 만나야 한다. 그림을 가만히 보고 그림이 무슨 말을 거는지 들어 보라고 하는 거다. 그 순간 마법처럼 아이 마음에서 무엇인가가 몽글몽글 생길지도 모른다.

그림을 그린 화가가 피카소인지, 피카소가 얼마나 유명한 화가인지 몰라도 된다. 그 그림이 말하려는 것이 무엇인지 느끼는 시간이면 충분하다. 그러고 나면 아이는 다시 질문을 할 것이다.

"이 그림은 이상하게 슬퍼요. 저기 눈동자 없는 사람은 왜 그런 거예요? 이 화가는 어떤 사람이에요? 왜 이런 그림을 그렸나요?"

음악도 마찬가지다. 음악에서 전해지는 감정과 이야기를 듣는 것이 먼저다. 베토벤이 훌륭하고 대단한 음악가라는 지식을 아는 것이 중요한 게 아니라, 베토벤이 남긴 곡을 온전히 감상하는 것이 중요하다. '이게 뭐지?', '왜 이렇게 가슴이 두근거리지?' 하고 그 음악의 울림을 느끼는 것이 음악 감상의 시작이자 음악을 사랑하는 길이다.

"엄마, 저 곡을 연주해 보고 싶어요. 제가 직접 피아노를 쳐 감동을 느끼고 싶어요."

그런 마음으로 악기를 배우게 된다면 피아노 학원을 가니 마니 하며 다툴 일도 없다. 아이들이 생각하고 느낄 겨를도 없이 마구 가르쳐 주지 말자.

모네의 〈생-라자르 역〉 그림을 실제로 보았을 때, 어찌나 감동적이었는지 그림 앞에서 움직일 수가 없었다. 화집으로 볼 때는 꽤 큰 그림인 줄 알았는데 그림 크기가 겨우 75.5센티미터에 104센티미터, 생각보다 작은 그림이었다. 그 작은 그림에서 1877년, 19세기 말을 살아가는 불안한 예술가의 마음이 보였다. 무엇인가 거대하게 변화하고 있는 것에 대한 동경과 두려움이 느껴졌다. 기차가 엔진 소리를 내며 미술관 벽을 뚫고 나올 듯한 생동감도 느꼈다. 아마도 그때 내 상태가 화가의 마음과 닮아 있었기 때문이 아닐까 싶다. 알 수 없는 앞날에 대한 두려움으로 가득 차 있는 내게 그 몽환적인 그림은 "나도 두려워. 그러나 들어봐. 이 변화를 느껴야 해." 하고 말하는 것 같았다. 화집으로 볼 때와는 완전히 다른 경험을 한 순간이었다.

신윤복의 그림 〈쌍검대무〉를 간송미술관에서 실제로 볼 때도 그랬다. 더운 여름날 냉방 시설이 없던 전시실인데도 그림을 보며 한기를 느낄 정도로 그림의 힘이 대단했다. 실제 그림 크기는 35.6센티미터에 28.2센티미터 정도밖에 안 되는 아주 작은 채색 그림이다. 세상에나, 그 작은 크기에 그려진 칼춤 추는 여인들은 100호 작품에서나 볼 듯한 날렵하고도 큰 동세로 그려져 있고, 인물들의 표정 묘사, 악기와 장신구 묘사와 색채는 정말이지 굉장했다. 감탄하지 않을 수가 없었다. 그림 속 이미지들이 들려주는 이야기를 눈으로 따라가노라면 정신없이 그림을 그리는 신윤복 옆에 앉아 구경하는 듯했다.


**박물관 역시 질문이 시작되는 곳이었으면 좋겠다.** 박물관은 오래된 유물이나 문화적·학술적 의의가 깊은 자료를 수집하여 보관하고 전시하는 곳이다. 박물관을 딱딱한 교육 공간이 아니라 마음껏 상상의 나래를 펼 수 있는 즐거운 곳으로 바꿔 보자.

유물은 아무 말이 없다. 기록이 남아 있는 경우가 아주 드물기 때문이다. 유물은 과거의 사람들이 살면서 필요해서 만들었던 도구들이지만, 우리 시대 방식으로 이해하고 해석하려면 모르는 것투성이다.

그러나 유물을 연구하는 학자들은 유물에서 이야기를 찾아낸다. 탐정이 범죄 현장에 떨어진 머리카락 한 올로 범인을 찾아내듯, 학자들은 도자기 파편, 깨진 기왓장에서 퍼즐을 맞춰 가며 분류와 분석을 통해 옛사람들의 삶과 이야기를 찾아낸다.

아이들에게도 그렇게 상상할 수 있는 시간을 주자. 제 마음에 들어오는 도자기나 왕관이나 그림 앞에서 스스로 추리하고 상상하게 하는 거다.

"옛날 밥상은 왜 이렇게 작지?"

"대가족이었다며 어떻게 다 밥을 먹었지?"

"밥그릇은 왜 저렇게 큰 거야?"

"저 밥그릇에 있는 글자는 무슨 뜻이지? 무슨 무늬인가?"

어쩌면 더 알고 싶어져 질문도 하고 이런저런 책을 찾아볼 수도 있겠지. 박물관이나 미술관에 가서 무리하게 많은 작품이나 유물을 보는 것보다는 공감과 상상의 시간이 되도록 해 주시라. 그러다 보면 혹시 아는가, 박물관이나 미술관이 재미있다 할지 말이다.

* 먼저 아이 혼자 미술관이나 박물관에서 전시를 보게 한다. '떠들지 않기', '전시물을 만지지 않기' 같은 관람 예절을 미리 알려 주면 좋다.

* 그런 뒤에 함께 보며 이야기를 나눈다. 전시장 문 여는 시간에 일찌감치 가면 관람객이 붐비지 않아 이야기 나누기 좋다.

* 아주 마음에 들어 하는 그림이 있을 경우 그 그림 앞에 앉아 보자. 물론 관람객이 없을 때 이야기다. 또 아이들과 그림을 찬찬히 오래 보고 싶다면 너무 유명한 전시에는 가지 마시라. 유명한 전시가 아니라도, 좋은 그림을 만날 수 있는 곳은 어디에나 있다.

* 함께 그림을 보고 나와서는 간식을 먹거나 음료수를 마시며 화가의 일생이나 시대 이야기를 나눠 보자. 전시회 도록이나 안내 책자가 있으면 좋다.

같이
얘기해 보아요

집에 돌아와 다시 화집을 보거나 관련된 여러 가지 자료를 찾아보면 좋지만 아이가 원하지 않는다면 억지로는 하지 말자. 아이가 좋아한다면 같은 전시를 또 보러 가도 좋다.

전시를 보고 온 날 기념품도 사고, 맛있는 것도 먹으면서 즐거운 기억을 많이 만들자. 그럼 다음에 또 미술관에 가자고 하면 당장 일어설 것이다. 그러다 보면 다 자라서는 제 스스로 가게 된다. 미술관에서 즐거운 시간을 보낼 수 있다는 걸 알게 됐기 때문이다.

미술 작품 보는 게 즐거워지면 작품에 대해 느끼고 분석하며 제법 작품이나 전시에 대한 문제 제기까지 한다. 큐레이터나 작가 들이 들으면 긴장될 게다. 뭐, 아직도 그림 앞을 그저 휙휙 지나가는 아빠는 어쩔 수가 없다, 헤헤.

# 부록

- ◆ 미술 활동을 할 때 있으면 좋은 도구들
- ◆ 나만의 그림 도구 만들기
- ◆ 재미난 색이름 짓기
- ◆ 이렇게 진행하면 좋아요

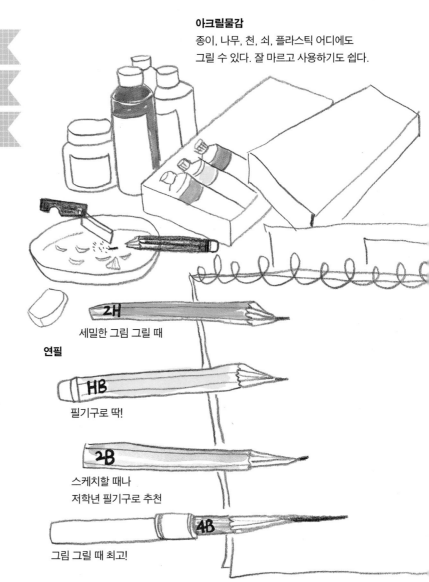

## 미술 활동을 할 때 있으면 좋은 도구들

**아크릴물감**
종이, 나무, 천, 쇠, 플라스틱 어디에도
그릴 수 있다. 잘 마르고 사용하기도 쉽다.

세밀한 그림 그릴 때

**연필**

필기구로 딱!

스케치할 때나
저학년 필기구로 추천

그림 그릴 때 최고!

**수채화용 색연필**
물과 함께 사용한다.

**풀, 테이프, 가위**
자르고, 붙이는 작업에
꼭 필요한 삼총사.

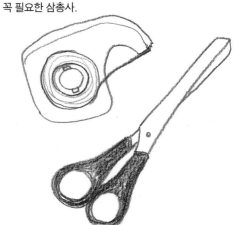

**크레파스**
모양과 색을 표현하기에 딱!
열이나 기름으로 녹여서 써도 좋다.

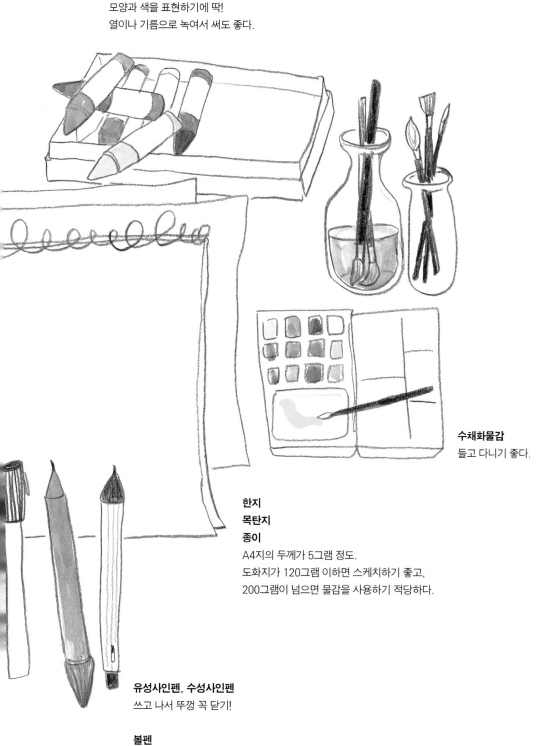

**수채화물감**
들고 다니기 좋다.

**한지**
**목탄지**
**종이**
A4지의 두께가 5그램 정도.
도화지가 120그램 이하면 스케치하기 좋고,
200그램이 넘으면 물감을 사용하기 적당하다.

**유성사인펜, 수성사인펜**
쓰고 나서 뚜껑 꼭 닫기!

**볼펜**
너무 꾹꾹 눌러 쓰면 촉이 상한다.

# 나만의 그림 도구 만들기

오늘은 특별한
그림 도구를 만들어 보자!

## ★ 붓 만들기

자연에서 구한
재료가 좋아.

나뭇잎이다!

난 나뭇가지
주웠어.

나뭇가지에 솔잎이나
여러 가지 풀들을 묶어
붓을 만들어요.

짜잔,
붓이 됐어.

우와! 신기해. 이 선 좀 봐!

## ★ 종이 만들기

신문지를 잘게 찢어서 물에 불려.

물을 꼭 짜내고 밀가루풀을 섞어.

종이죽을 잘 펴서
바람이 잘 통하는 곳에서 말려.
다 마르면 종이 완성!

## ★ 물감 만들기

갑자기 재료를 찾으려면 힘드니까
평소에 이것저것 모아 두면 좋아.
자연에서 온 재료로 물감을 만들면
모양도 색도 예뻐.

〈 천연물감 〉

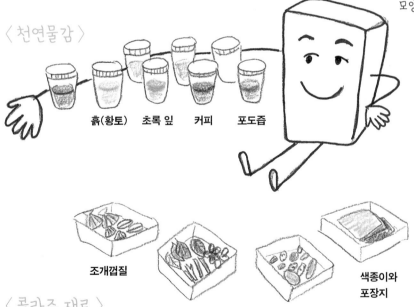

흙(황토)　　초록 잎　　커피　　포도즙

조개껍질

말린 나뭇잎,
꽃잎, 나뭇가지

작고 납작한
돌멩이

색종이와
포장지

〈 콜라주 재료 〉

그림 그릴 때 이런 재료를
덧붙여서 꾸미면 더 멋지단다.

오늘은 색이름을 새롭게 지어 주자!

물감을 이것저것 섞어
색을 만들어 볼까?

이게 무슨 색이게?

먼데?

어이쿠!

뚜리빵푸푸색.
우리 강아지가 빵 먹고 싼 똥색. 헤헤.

오잉?

그럼 이건 무슨 색?

자주랑 분홍을 섞은 색인데
피오피오라고 이름을 지었어.

예쁘다!

신나게 물감을 섞어서

재미나게 색이름을 지어 보자!

지루하고 긴 하루색

뚜리빵뿌뿌색

피오피오색

으슬으슬 감기색

용기백배색

씩씩단단갈색

깊고깊은 군청

으랏차차색

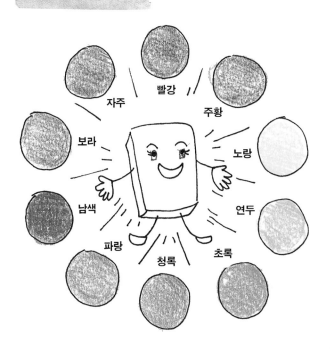

★ 10색상환

자주

빨강

주황

보라

노랑

남색

연두

파랑

청록

초록

10색상환은 여러 색들 중에서
기본이 되는 열 가지 색을
둥글게 나타낸 표야.
비슷한 느낌의 색은 가까이 있고,
다른 느낌의 색은 마주 보고 있지.
여기 있는 색들을 서로 섞으면
여러 가지 다양한 색들을
마음껏 만들어 낼 수 있어.

이 책에 소개된 미술 활동을 진행하는 데 특별한 원칙이나 순서는 없다. 아이의 연령과 상황에 맞게 진행하시는 것을 추천한다. 다만, 길게 계획을 세워 체계적으로 아이와 함께 미술 수업을 해 보고 싶은 부모님과 선생님은 아래 표를 참고하시면 좋겠다.

책에 소개된 36개의 활동을 주제별로 묶어 한 주에 하나씩 36주를 진행할 수 있게 구성하였다. 한 주에 하나씩 하기 힘들 경우, 열두 주제를 한 달에 하나씩 진행할 수도 있겠다. 열두 주제들은 나에서 출발해서 세계를 이해하고 건강한 삶을 가꾸는 방향으로 나아갈 수 있도록 골라 정리하였다.

## ★ 미 술  활 동  일 정 표

| | 미술 활동 제목 · 쪽수 | 활동 내용 | 활동 속 정보와 철학 |
|---|---|---|---|
| 나 | 1주 · 나는 어떻게 생겼을까? • 14<br>2주 · 보이는 몸, 보이지 않는 몸 • 34<br>3주 · 내 인생 이야기책 • 72 | 내 얼굴, 나의 기원 찾기<br>내 몸과 감정 들여다보기<br>내 마음 스스로 다스리기 | 자존심? 자존감!<br>나를 알고 표현하기 |
| 너 | 4주 · 내 친구를 인터뷰해요 • 18<br>5주 · 내 친구는 꽃이에요 • 24<br>6주 · 나와 조금 다를 뿐이에요 • 122<br>7주 · 선생님 열전 • 56 | 친구 깊이 알아가기<br>친구의 느낌 다양하게 표현하기<br>나와 다른 친구 이해하기<br>선생님 인터뷰 | 타인에 대한 이해 |
| 가족 | 8주 · 내가 만드는 부모님 위인전 • 48<br>9주 · 엄마, 아빠를 위한 요리사 • 52<br>10주 · 누가 누가 더 열심히 살았나? • 68 | 부모님 위인전 만들기<br>부모님을 위해 요리하기<br>가족들과 대화하는 시간 갖기 | 관심과 배려,<br>사랑으로 만들어<br>가는 가족 |
| 100명의<br>사람들 | 11주 · 100명의 사람을 그리자 • 78<br>12주 · 100명을 먹여 살려라 • 84<br>13주 · 100명이 사는 집 • 88 | 다양한 사람과 다른 삶의<br>방식을 이해하기 | 우리는 모두 친구 |
| 자연 | 14주 · 나무의 마음 • 136<br>15주 · 동물을 위한 동물원은 없다 • 118 | 지구에 사는 생명 들여다보기 | 생명의 소중함 |

| | 미술 활동 제목 · 쪽수 | 활동 내용 | 활동 속 정보와 철학 |
|---|---|---|---|
| 공간 | 16주 · 전통 시장, 참 좋다 • 100<br>17주 · 자연을 위한 집 • 156<br>18주 · 세상에 없는 나라, 어린이 나라 • 104 | 내가 사는 공간, 살고 싶은<br>공간 생각해 보기<br>어린이 나라 지도 그리기 | 공간에 대한 생각,<br>길에서 얻는 철학,<br>스스로 가꾸는 삶 |
| 음식 | 19주 · 자연 시계에 맞춰 살아요 • 132<br>20주 · 먹지 않고 살 순 없지, 그래도 • 140 | 건강한 먹거리에 대해<br>생각해 보기 | 생명의 순환,<br>자연스러운 것, 욕심<br>쟁이가 되지 않는 법 |
| 놀이 | 21주 · 자연에서 놀자, 살자! • 128<br>22주 · 내가 만든 장난감 • 144<br>23주 · 크리스마스 파티에<br>　　초대할게요! • 64 | 자연 놀이<br>스스로 놀이 만들기<br>가족들과 함께하는 파티<br>준비하기 | 건강한 몸과 마음,<br>놀이의 즐거움 |
| 일 | 24주 · 부엌에서 '하는' 일들 • 170<br>25주 · 내가 만든 에너지로<br>　　나를 움직이게 해 주는 자전거 • 96<br>26주 · 온몸으로 같이 놀아요 쭈욱쭉 • 60 | 스스로 몸 움직이기<br>자전거 구조 이해하고<br>조립하기<br>내 몸 살리기 | 몸을 움직일 때 얻는<br>깨달음과 즐거움 |
| 철학 | 27주 · 아이를 자라게 하는<br>　　질문의 책, 그리고 그림일기 • 28<br>28주 · 다시는 눈을 감고 싶지 않아요 • 160<br>29주 · 가치 지도를 그려요 • 38<br>30주 · 주머니 속에 뭐야? • 166 | 질문의 책 만들기<br>고전 새롭게 바라보기<br>가치 지도 만들기<br>과학과 미술이 함께하는 시간 | 가치를 갖는 삶 |
| 캠페인 | 31주 · 어린이를 사랑해요 • 108<br>32주 · 마트에 사는 동물들 • 112<br>33주 · 공정한 게 좋아 • 92 | 어린이 인권 배우기<br>공정 여행, 공정 무역<br>포스터 그리기 | 신나는 캠페인,<br>정의를 알고<br>실천하기 |
| 조형 | 34주 · 나는 무엇일까? • 42<br>35주 · 그림에서 음악이 들려요 • 150<br>36주 · 질문을 만드는 곳 미술관,<br>　　그리고 박물관 • 174 | 예술을 다양한 방법으로<br>즐기기 | 삶을 풍요롭게<br>다른 세계로 성큼 |

엄마도 함께 자라는 미술 인문학

지우개 선생님의
# 이상한 미술 수업

첫 번째 찍은 날  2016년 7월 28일

**글·그림** 김지연
**펴낸이** 이명회 | **펴낸곳** 도서출판 이후 | **편집** 김은주, 홍연숙, 위정은
**디자인** Studio Marzan 김성미

글·그림·사진 ⓒ 김지연, 2016

등록 | 1998. 2. 18.(제13-828호)
주소 | 04050 서울시 마포구 양화로 156, 1229호 (동교동, 엘지팰리스빌딩)
전화 | 02-3144-1356  팩스 | 02-3141-9641
블로그 | http://blog.naver.com/dolphinbook
트위터 | @SmilingDolphinB

ISBN 978-89-97715-41-1 03370

이 도서의 국립중앙도서관 출판예정도서목록(CIP)은 서지정보유통지원시스템 홈페이지(http://seoji.nl.go.kr)와
국가자료공동목록시스템(http://www.nl.go.kr/kolisnet)에서 이용하실 수 있습니다. (CIP제어번호 : CIP2016017069)

꿈의 걸음걸이로, 어린이와 함께 자라는 웃는돌고래